Hanne Türk, Alex Bernfels und Rosanna Pradella

Kinder lernen zeichnen und malen

Über dieses Buch

Malen und Zeichnen fördert Kinder in vielfacher Weise und hat daher einen hohen Wert für die kindliche Entwicklung. Der Umgang mit Stiften, Pinseln und Farben schult die Koordination von Hand und Auge sowie die Handgeschicklichkeit – eine wichtige Voraussetzung für das Schreibenlernen bzw. die Entwicklung der Handschrift.

Die Kinder lernen, sich auf ihr Tun zu konzentrieren und gleichzeitig planend vorzugehen. In besonderem Maße wird dabei auch die visuelle Wahrnehmung gefördert: zum einen im Hinblick auf die Wahrnehmung von Farben und das Erspüren ihrer emotionalen Eigenschaften; zum anderen wächst mit zunehmendem Alter der Ehrgeiz, das Vorgestellte oder Gesehene „richtig" abzubilden. Mag der Ehrgeiz der kleinen Maler noch so groß sein: Auf die „Schönheit" des Bildes im Sinne einer Übereinstimmung von Bild und Vorbild kommt es zunächst überhaupt nicht an.

Dieses Buch richtet sich an Kinder und Erwachsene gemeinsam. Die Kinder üben spielerisch den Umgang mit Stift und Pinsel, Farben und Papier und lernen auf rundum vergnügliche Weise, wie gelungene Bilder entstehen (können). Kinder im fortgeschrittenen Lesealter können sich mit den Zeichen- und Malübungen schon gut allein beschäftigen, doch auch für sie sind Ermutigung, hilfreicher Beistand und Lob wichtig.

Zeichnen

Im ersten Abschnitt dieses Buchs geht es ums Zeichnen – und zuvor noch um das Beobachten. Die Kinder lernen, im Zwerg, in der Raupe oder in der Ritterburg einfache Grundformen zu erkennen, auf denen sie sodann die Zeichnung auf- und ausbauen. Nach und nach kommen Einzelheiten hinzu, und die Hilfslinien fallen weg. So schält sich sich Schritt für Schritt das Motiv heraus – und wird zuletzt farbig ausgemalt. Diese Methode ist übrigens der klassische Weg zur künstlerischen Zeichnung; hier natürlich in stark vereinfachter, kindgerechter Weise dargestellt.

All dies wird von einfachen, die Schrittfolgen kommentierenden Reimen begleitet, die immer auch kleine Geschichten erzählen. Ein paar Mal gelesen und nachgesprochen, werden die vergnüglichen Gedichte ebenso reproduziert wie die Bilder. Sehen und Hören, Sprechen und Zeichnen: Auf dem Weg über Bildersprache und Sprachbilder wird den kleinen Zeichnern zugleich der „Klang" des Bild(wort)es und das Klangbild der Sprache bewusst.

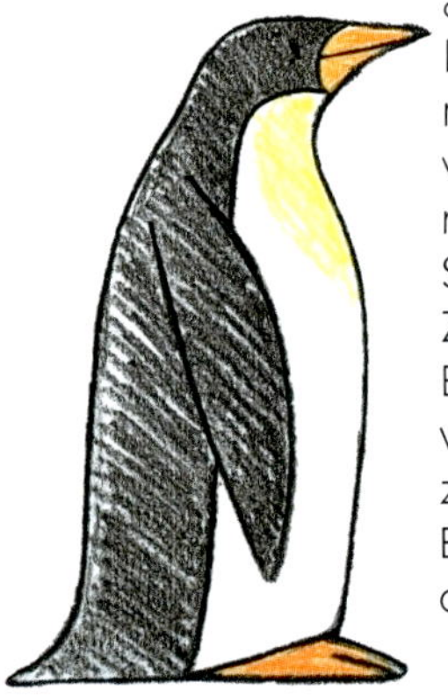

Malen

Für jüngere Kinder fallen das Zeichnen und Malen, der Strich und die Farbfläche noch unmittelbar zusammen; auch Bleistiftzeichnungen werden meistens einfach mit Buntstiften oder Wachsmalkreiden ausgemalt. Dabei muss (und soll) es jedoch keineswegs bleiben. Hier lernen sie viele spannende Möglichkeiten im Umgang mit Malwerkzeugen und Farben kennen und entwickeln auch das Verständnis für die maltechnischen Regeln, die zu bestimmten Effekten und Ergebnissen führen.

Im Prinzip unterscheiden sich diese Verfahren nicht allzu sehr von den klassischen Maltechniken. Insofern vermitteln die Anleitungen und die Erläuterungen, bei aller nötigen Vereinfachung, auch malerisch weniger bewanderten Erwachsenen ein gewisses Grundwissen, mit dem sie dann auch jüngeren Kindern beistehen können. Wo es in erster Linie ums Malen geht, schadet es nicht, wenn Erwachsene beim Vorzeichnen mithelfen.

Die Malbeispiele sind zum einen Vor-Bilder. Beim Nachmalen Schritt für Schritt entwickeln die Kinder ein Gespür für Besonderheiten der Malmittel. Zum anderen zeigen die Beispiele im Buch, was sich mit den unterschiedlichen Techniken alles machen und malen lässt; was sicherlich gerne an eigenen Bilden ausprobiert wird.

Tipps:

Ausstattung:

Zur umfassenden Grundausstattung gehören neben den Bleistiften (Nr. HB) Wasserfarben sowie jeweils vermalbaren und wasserfeste Buntstifte, Wachsmalkreiden und Filzstifte. Schreibpapier ist billig, eignet sich jedoch richtig gut nur für Bleistiftzeichnungen. Besser sind Zeichenpapier und Aquarellpapier in verschiedenen Stärken und Strukturen. Je besser das Papier ist, desto leichter malt es sich. Zum Radieren von Bleistiftstrichen ist der Knetgummiradierer ideal; für die schwerer zu radierenden Buntstiftstriche eignet sich ein Plastikradierer besser. An Pinseln werden dünne (Größe 3) und dickere Rundpinsel (Größe 12) benötigt.

Vorübungen:

Lassen Sie die Kinder zunächst frei mit dem Zeichenstift umgehen; dies fängt mit ganz viel Papier und Schwungübungen an: Frei aus dem Handgelenk heraus entstehen Kringeln, Strichen und Zacken. Diese Erfahrung vertieft sich durch das Mitsprechen. Ein lang gezogenes, laut wiederholtes „Kringelingeling“ begleitet lautmalerisch den mit der Hand ausgeführten Zeicherhythmus. Ein „Zick-zack“ hingegen klingt nicht nur scharf und spitz, sondern hinterlässt auch – siehe da – entsprechend zackige Spuren. Aus freien Übungen heraus entstehen Grundformen: Kreis und Oval, Dreieck und Viereck. Regen Sie die Kinder an, spielerisch (ohne Bleistift und Papier) die Formen zu entdecken, die in den verschiedenen Dingen der Umgebung stecken.

Buntstift oder Bleistift

Ideal für Zeichenübungen ist der Bleistift. Das sieht zwar nicht so fröhlich aus wie der Buntstift, dessen Strich sich jedoch viel schwerer ausradieren lässt wie ein Bleistiftstrich. Mit Buntstiften lassen sich schwache Bleistiftstriche gut nachfahren und dabei übermalen; umgekehrt würden die Striche verschmieren.

Motivwahl

Lassen Sie Ihrem Kind freie Wahl, was es zeichnen und malen (lernen) möchte. Wiederholung tut ebenso gut wie wiederholtes Lob. Irgendwann ist jedes Motiv ausgereizt und wird selbstständig durch ein anderes Lieblingsbild ersetzt.

Farbwirkung

Farben haben emotionale Qualitäten; kalte Farben (beispielsweise das Türkis mit seinen blauen und grünen Anteilen) wirken abweisend, warme Farben wie ein sonniges Gelb oder Orange freundlich und behaglich. Wie fühlen sich die Farben im gemalten Bild an?

Malanleitungen

Wenn es nicht gerade ums reine Ausmalen mit Buntstift oder Wachsmalkreide geht, ist es wichtig, die entsprechenden Anleitungen zu befolgen. Nur so zeigen sich die gewünschten Effekte und Enttäuschungen werden vermieden.

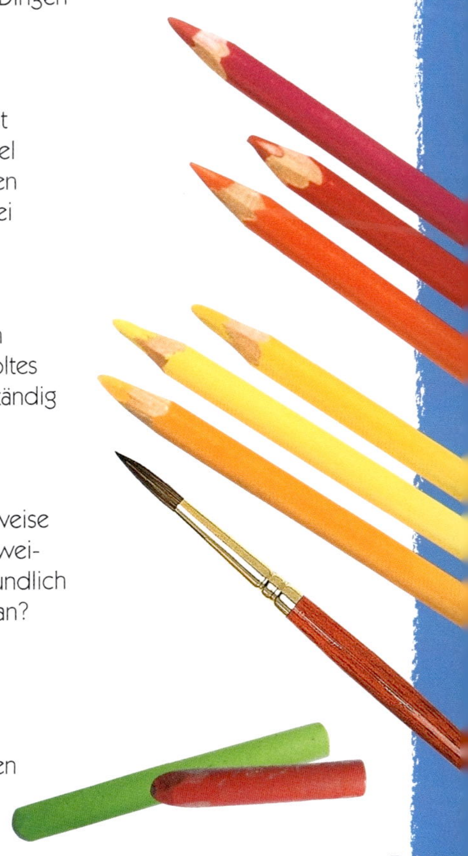

Inhaltsverzeichnis

Wir lernen zeichnen

Wenn wir uns umsehen, entdecken wir in allen Dingen der Welt runde oder eckige Formen: Kreise und Ovale, Dreiecke oder Vierecke. In der Zwergenmütze steckt ein Dreieck, die Baumkrone ist ein Kreis, Bambis Kopf ist ein Oval und der Bauch der Kuh ein Rechteck.

Solche Formen sind sehr einfach zu zeichnen. Und wenn wir sie dann richtig zusammenstellen, sehen wir darin schon den Zwerg, den Baum, das Reh oder die Kuh.

Das die Formen sind nur Hilfslinien. Sie zeigen, wo die Räder an den Traktor kommen, wie der Hals eines Tieres gebogen ist und wie lange seine Beine sind. Wir ziehen die Umrisse rundherum nach und können nun die Striche ausradieren, die wir nicht mehr brauchen. Die lustigen Gedichte erzählen, wie es weitergeht. Das fertige Bild malen wir aus.

Doch vorher wollen wir noch ein wenig üben, damit die Striche auch den richtigen Schwung bekommen! So können wir all die Figuren und Sachen in diesem Buch schön zeichnen – und dann sogar eigene Bilder!

Kringel und Kreise

Kringeling und Kringeling! Was wird das für ein Kringelding?

Einen Kringel nach dem andern lassen wir nun fröhlich wandern.

Aus den Kringeln werden Kreise. Weiter geht die Kringelreise!

Und jetzt alles ohne Schlinge. Schau! Da haben wir schon Ringe.

Ringsherum wird alles rund.
Vorne Augen noch und Mund,
Fühler und da unten kleine
dünne Raupen-Krabbelbeine.

Meine Raupe Kringeling,
bald wirst du ein Schmetterling!

Nimm den Stift und schau, was man
mit zwei Kreisen machen kann!

Zu dem großen Kreis der kleine,
unten Striche für die Beine.
Schnabel, Augen, Federn, Schwanz,
und schon ist das Küken ganz.

Guckt zu Boden, guckt hinauf,
pickt vielleicht ein Körnchen auf,
und dann findet es noch eines –
ist das meines oder deines?

Aus Kringeln wird ein Ei

Kringel hoch und Kringel tief. Kringel grade, Kringel schief.

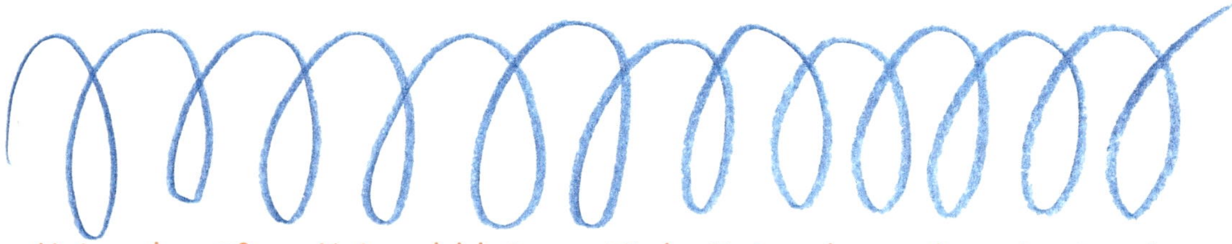

Kringel größer, Kringel kleiner. Viele Kringel – und noch einer!

Nimmst du einen Kringel raus, wird ein Kringel-Ei daraus.

Eier hoch und Eier quer,
eins, zwei, drei und noch viel mehr!

Und wer Eier zeichnen kann,
fängt nun mit den Tieren an.

Kleines Ei: Das wird der Kopf.
Großes Ei: Das wird der Bauch.
Kringelohren, Schwänzchen, Pfote
braucht das Häschen auch.

Für das Schäfchen gibt es tolle,
schöne, weiche Kringelwolle.
Ohren, Schwänzchen, eins, zwei, drei.
Und der Kopf? Ein großes Ei.
Wie viele Beine zeichnen wir?
Eins und zwei und drei und vier!

Vier Kringel und ein Ei,
da schwimmt ein Fisch herbei.

Auch beim Gesicht und Mund
ist alles ziemlich rund.

Und hörst du, was er spricht?
Gluck, gluck. Mehr kann er nicht!

Zick-zack um die Ecke!

Der Stift steigt auf den Zackenberg,
das ganze steile Stück.

Doch an der Spitze dreht er um
und kehrt ins Tal zurück.

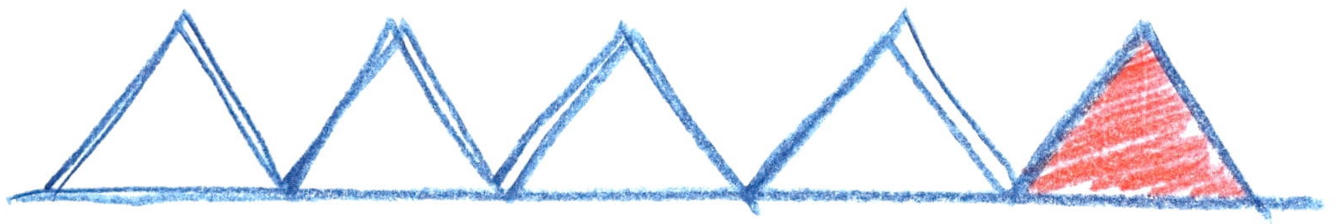

Hoch auf den Berg, zurück ins Tal: zick-zack, zick-zack und noch einmal!

Da unten geht's gerade aus.
Du siehst: Ein Dreieck wird daraus.

Der Stift malt eine kurze Strecke. Und Halt! Dann biegt er um die Ecke.

Und weiter geht es, immer wieder – hoch und quer und wieder nieder.
Dann male einfach ein Stück aus. Du siehst: Da wird ein Viereck draus.

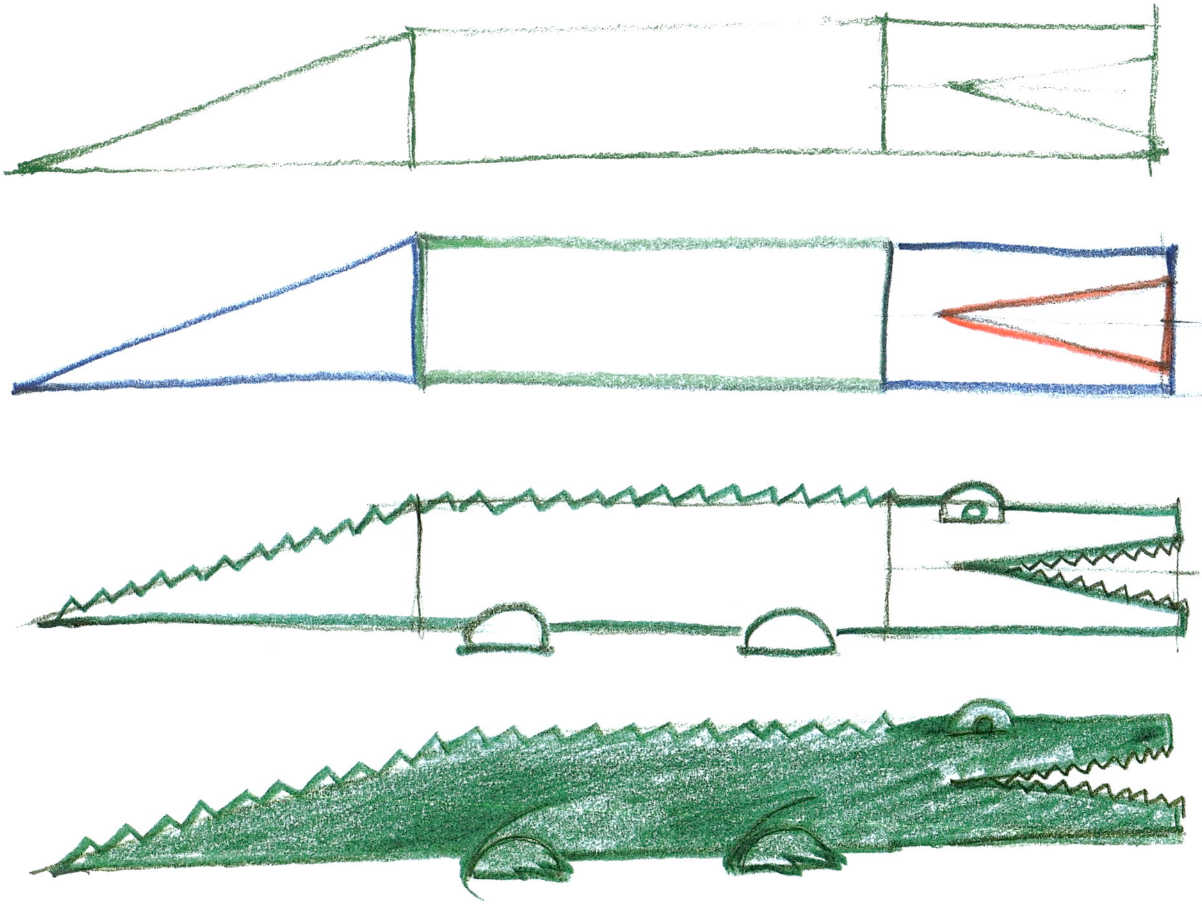

Krokodile
haben viele
Zackenzähne
spitz gezackt.
Zicke-zacke,
und mit denen
es gern zwickt und zwackt.

Mein Hund hat lauter Ecken.
Das ist ein Ecken-Hund.
Und wär mit ein paar Flecken
ein Flecken-Ecken-Hund!

Muh!

1

Ein Rechteck groß
und noch drei kleine:

2

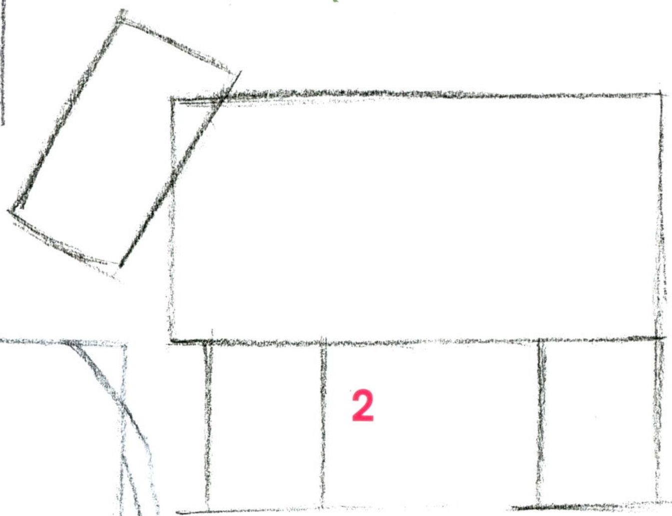

Das ist der Kopf,
das werden Beine.

3

Den Schwanz daran!
Wir zeichnen weiter:
Gesicht und die Ohren,
die Hörner, das Euter.

Da steht die Kuh
und schaut uns zu.
Will ihre Ruh.
Sagt: Danke. Muh!

Oink!

1

2

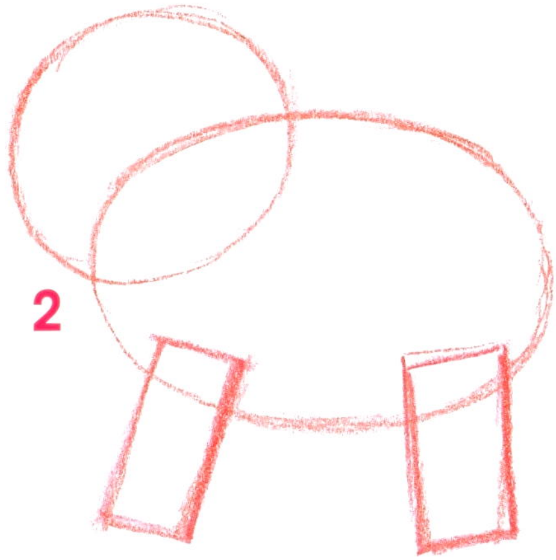

3

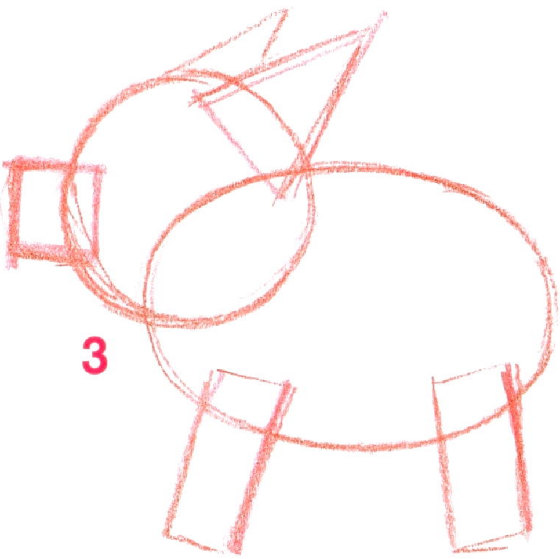

Dick und rund wird unser Schweinchen.
Unten eckig sind die Beinchen.
Ohren und Rüssel haben Ecken,
die wir später dann verstecken.

Ringelschwänzchen hinten dran.
"Oink!", ruft Schweinchen.
"Mal mich an!"

4

Quak!

1

Dieses Ei ist ganz alleine.

Da bekommt es unten Beine.
Zeichne oben Flügel dran
und das Köpfchen. Und was dann?

2

3

Schnabel auf und Flügel strecken:
Quak und Quak, und alle wecken!

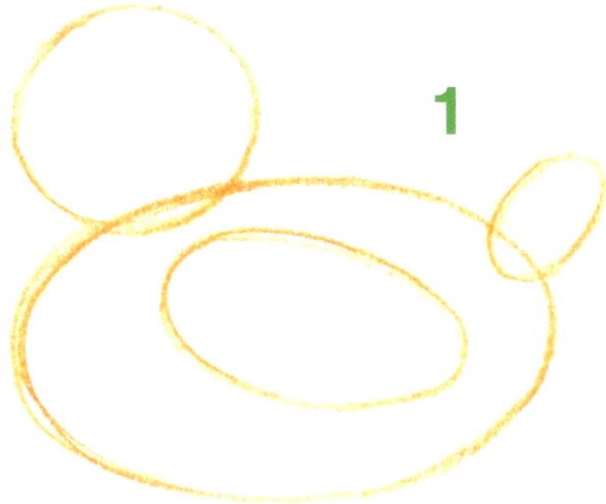

1

Will die Ente baden gehen,
sind die Füße nicht zu sehen.

2

Schnabel halten: Still und stumm
schwimmt sie auf dem Teich herum.

1

Sperr den Schnabel auf, und dann
fängt das Quaken wieder an.

2

Tulpe

1

Psst! Wir zeichnen still und leis
einen schönen, roten Kreis.

2

3

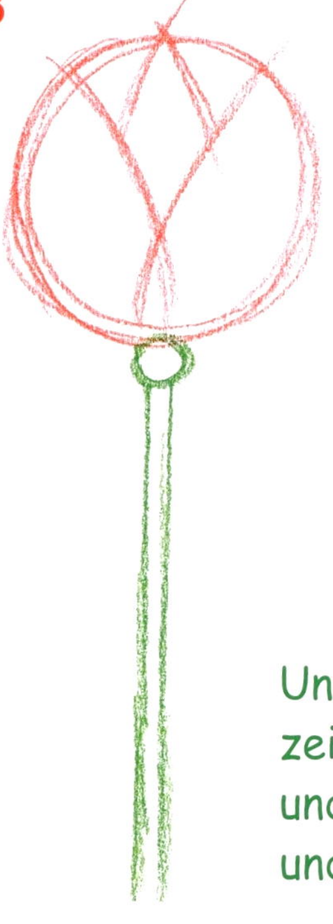

Ein Schwung hin und ein Schwung her,
und ein Gipfel ist nicht schwer.

Unter unser Tulpenköpfchen,
zeichnen wir ein grünes Knöpfchen
und den Stängel ganz gerade
und nicht krumm, das wär' doch schade!

Eine schöne Tulpe hat
links ein Blatt
und rechts ein Blatt.

4

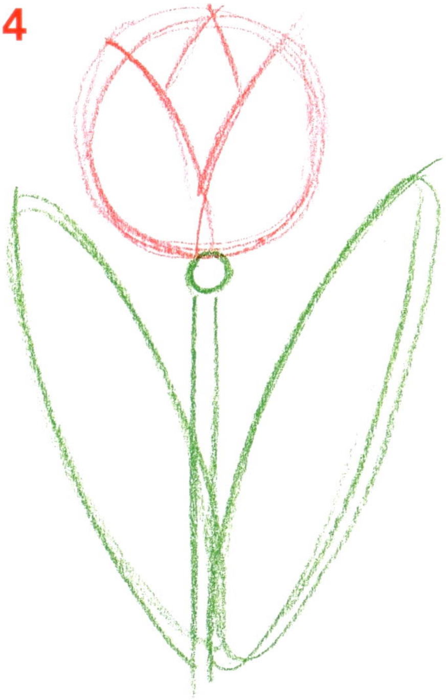

5

Was die besten Striche waren,
wird nun kräftig nachgefahren.
Tulpe fertig, bitte sehr!

Nein, jetzt noch die Farben her!
Blüte rot und Blätter grün,
So schön soll die Tulpe blüh'n!

Hühnervolk

1

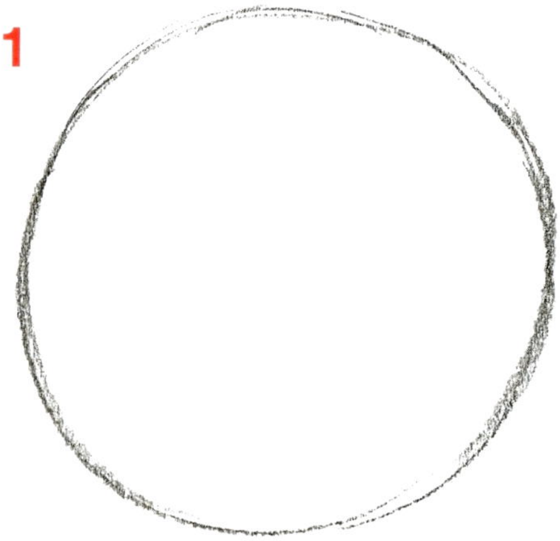

Das ist ein Kreis. Und nun,
was soll'n wir mit ihm tun?

2

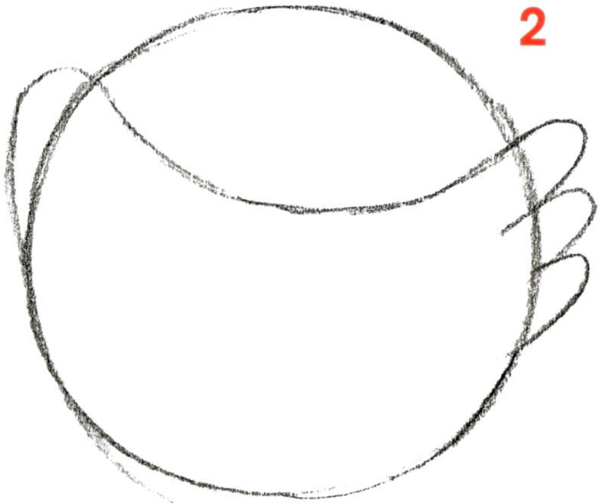

Da zeichnen wir ein Huhn hinein.
Zuerst das Federkleid allein.

3

Sodann kommt alles andre dran,
was so ein Huhn noch brauchen kann.

Den Kreis, den brauchen wir nicht mehr.
Schnell ausradiern und Farbe her!

1

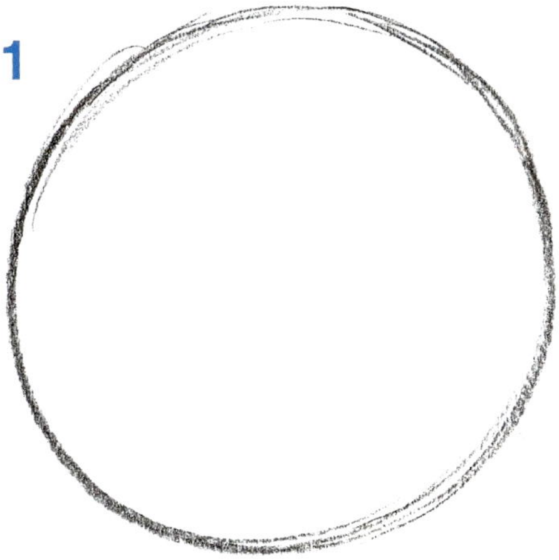

3

2

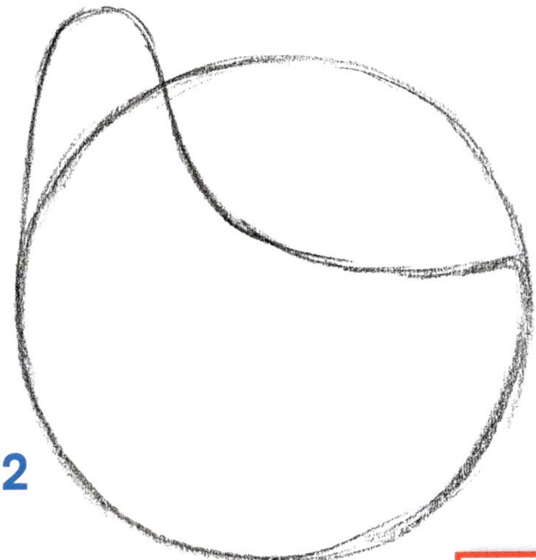

Kikeriki!
Der stolze Hahn
fängt so wie eine Henne an.

Kikeriki!
Doch kriegt er dann
den bunten
Hahnenschwanz daran.

Küken

Kreise, Kringel: immer zwei.
Dreieck, Striche:
Eins, zwei, drei
kommt die Kükenschar herbei!

1

2

Köpfchen tief und Flügel strecken:
Gibt es hier was zu entdecken?

1

2

Hoch das Schwänzchen, denn da vorn
liegt bestimmt ein Futterkorn!

1

2

Wie betrübt das Küken guckt!
Hat das letzte Korn verschluckt.

Pferd

1

So sieht das am Anfang aus.
Und so wird ein Pferd daraus:

2

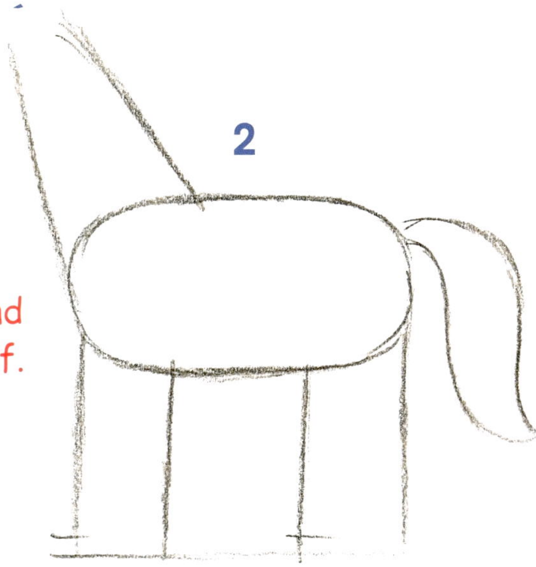

Hier der Hals und
dort der Schweif.

Unten Beine, dick und steif.

3

Kopf und Mähne oben drauf.
Dann stellt es die Ohren auf.

Und auf schnellen Pferdehufen
trabt es her, wenn wir es rufen.

Miau!

Katzen laufen, Katzen kratzen:
Jede Katze hat vier Tatzen.
Sitzt die Katze, sieht man zwei.
Doch man zeichnet erst ein Ei.

Pfoten, Kopf und Katzenschwanz.
Eine Katze? Noch nicht ganz!
Denn sie hat noch kein Gesicht.
Tatzen hat sie auch noch nicht!

Aber jetzt! Ein Fell, und dann
fängt sie gleich zu schnurren an!

1

2

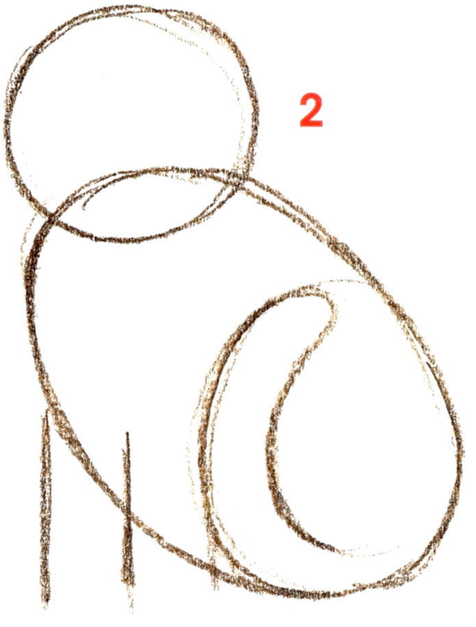

3

1

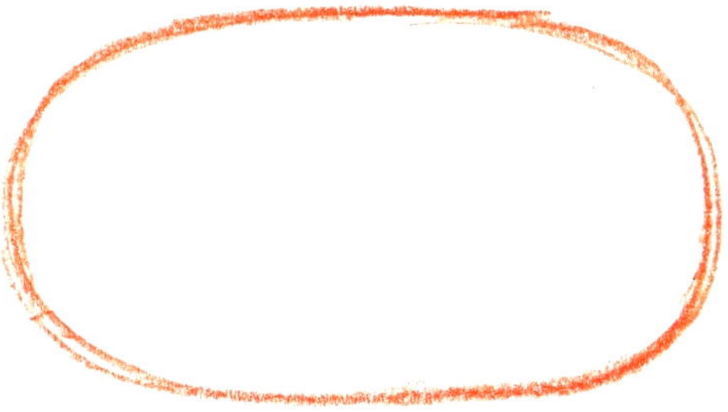

2

3

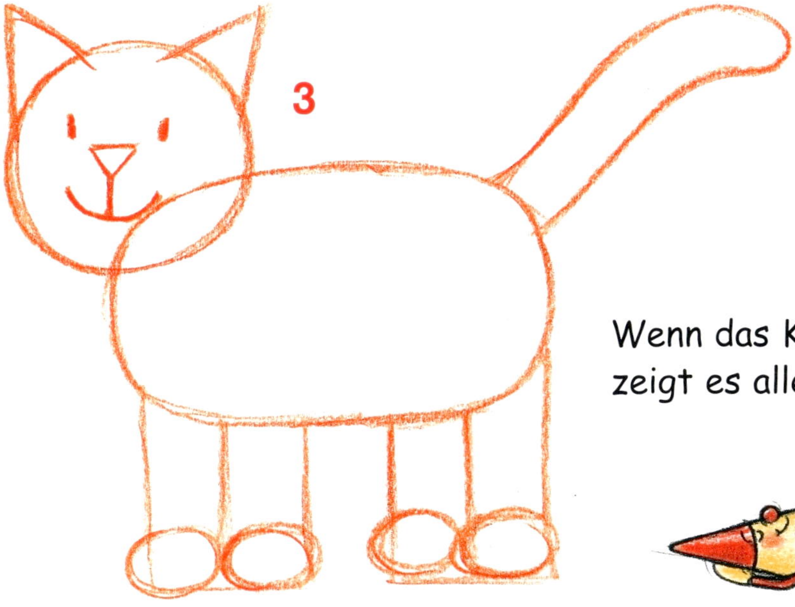

Wenn das Kätzchen vor uns steht,
zeigt es alle Pfoten. Seht!

1

2

Schau, so zeichnen wir den Hund:
einmal eckig, einmal rund!

3

4

Pfoten drinnen, Kopf hinaus.
Hinten schaut das Schwänzchen raus.

5

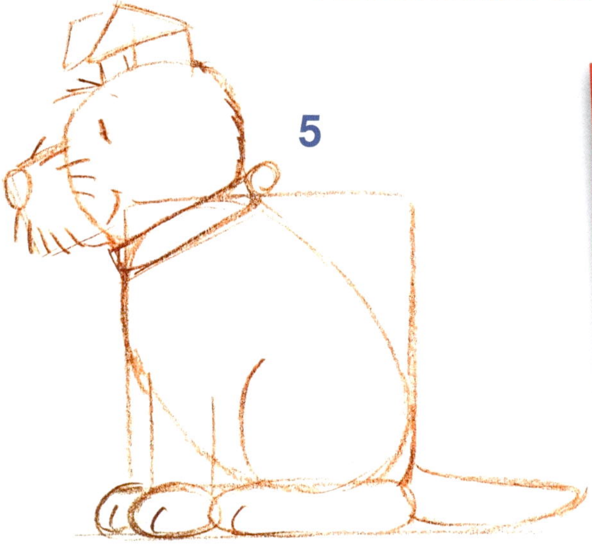

Ohren eckig, Schnauze rund:
Bello, sitz! Ja, braver Hund.

Bello und Flecki

1

2

3

Und da sehn wir Flecki stehen.
Wer will mit ihm Gassi gehen?

Käferle

Kringel, Kreis und noch zwei Kringel:
Was wird das denn für ein Schlingel?

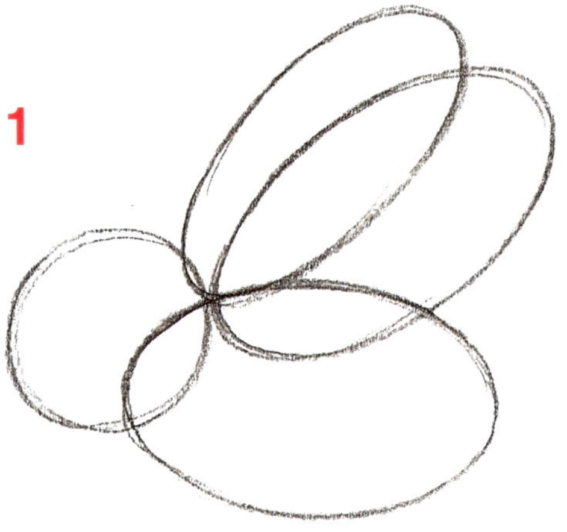

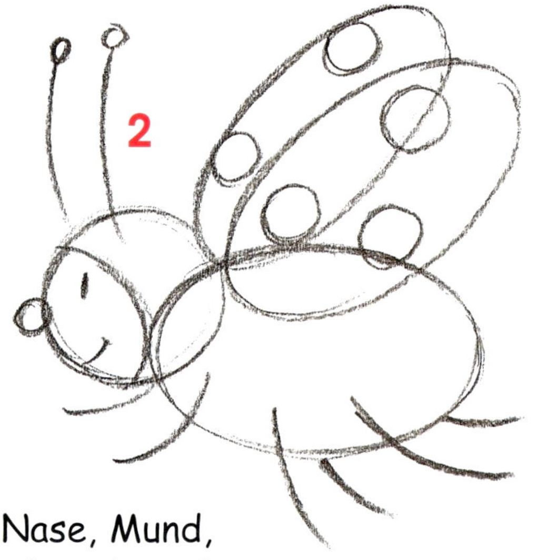

Fühler, Beinchen, Nase, Mund,
dann die Punkte dick und rund.

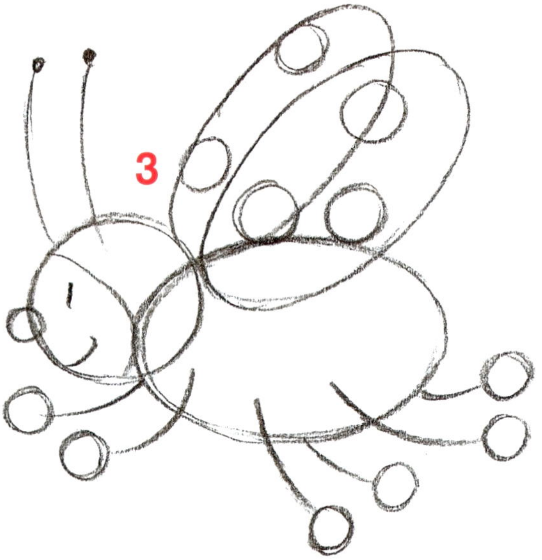

Zeichne ihm noch Füßchen dran,
weil er sonst nicht krabbeln kann!

Schmetterling

1

2

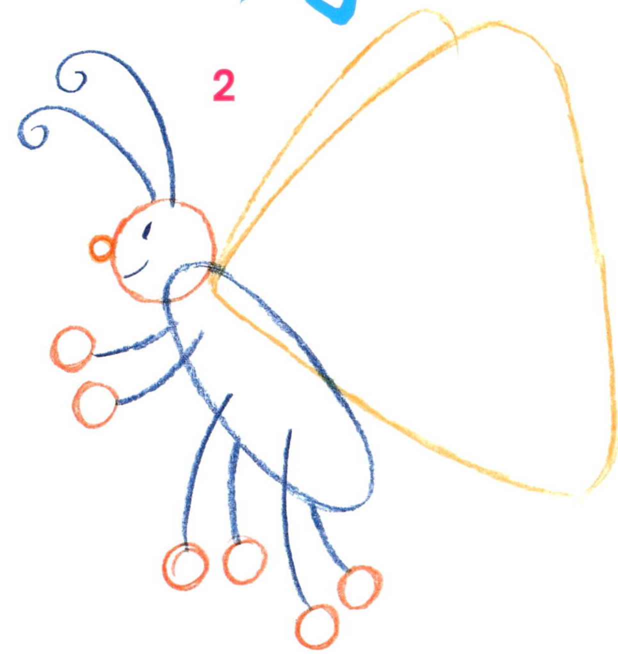

Ein Kringel lang, ein Kringel rund,
das Dreieck für die Flügel und

die Fühler vorne, unten kleine
Füßchen an die dünnen Beine.

Was für ein hübsches
Flatterding
ist unser bunter
Schmetterling!

Schnecke

Die Schnecke hat ein Haus,
da guckt sie manchmal raus.
Doch wenn wir jetzt beginnen,
da bleibt sie erst mal drinnen.

1

Das wird eine Spirale.

2

Fang unten an und male
nach innen und zur Mitte.
Und immer rechts rum, bitte!

3

4

Das wird der Kopf und das der Bauch,
der aussieht wie ein kleiner Schlauch.

5

Nun streckt sie noch die Fühler aus.
Dann guckt aus ihrem Schneckenhaus
vergnügt die kleine Schnecke raus.

Frosch

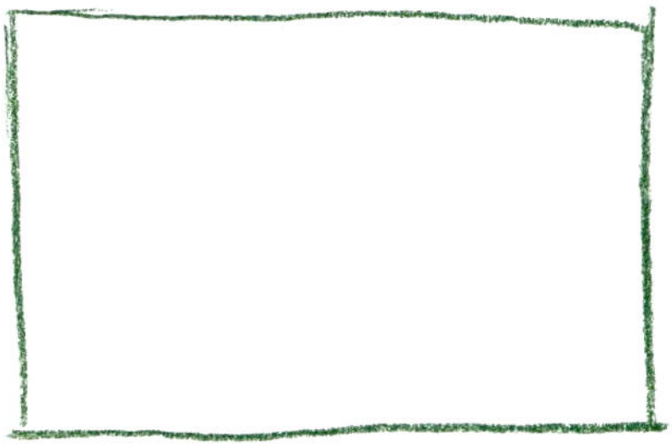

1

Der Kasten ist noch leer.

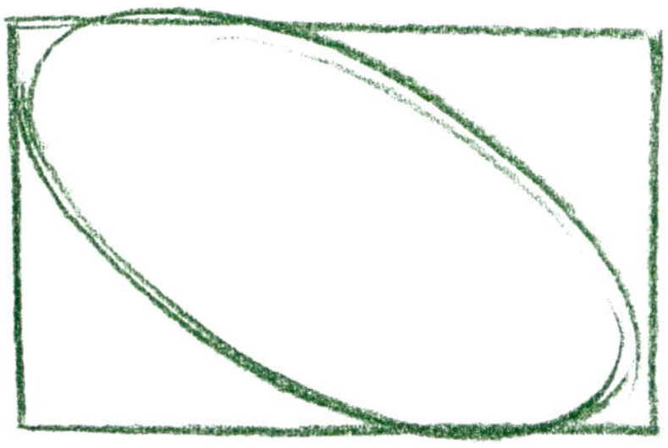

2

Da muss ein Kringel her.

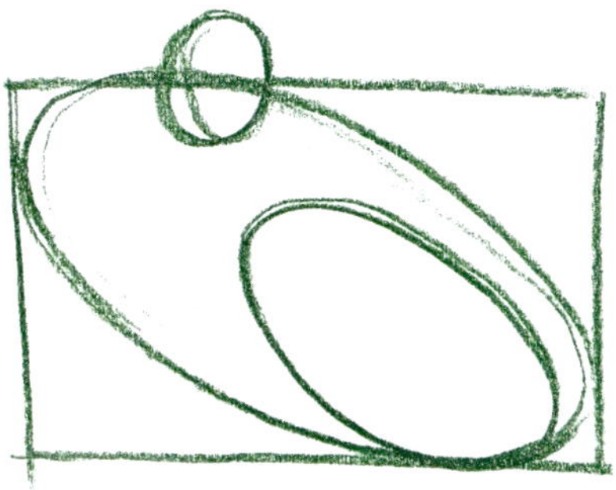

3

Was schaut da oben raus?

4

Was wird da unten draus?

5

Ein Bein zuerst allein,
und dann das zweite Bein.

6

Ein Maul, mit dem er quakt.
Und hörst du, was er sagt?

Nimm Grün und Gelb und quak mich an,
damit ich lauter quaken kann!

Igel

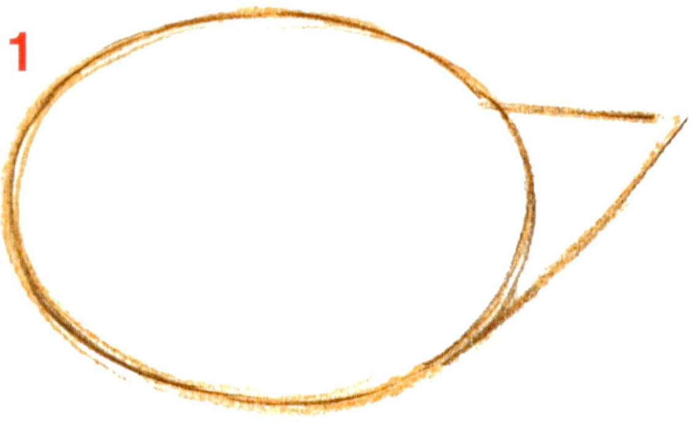
1

Ich brauche einen Eierbauch
und eine spitze Nase auch.

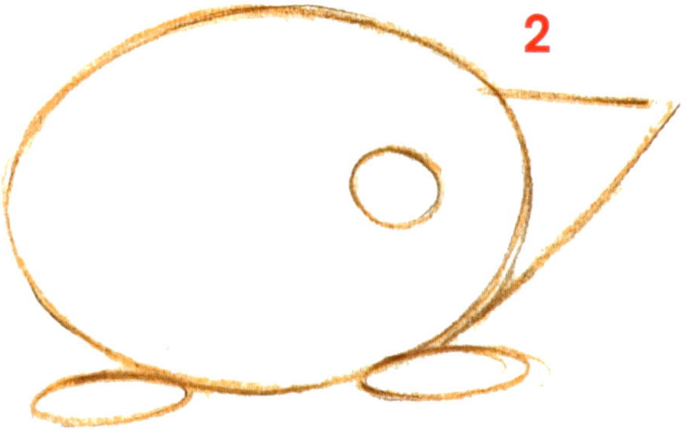
2

Da unten Füße, hier das Ohr.
Bald kommen Stacheln. Doch zuvor

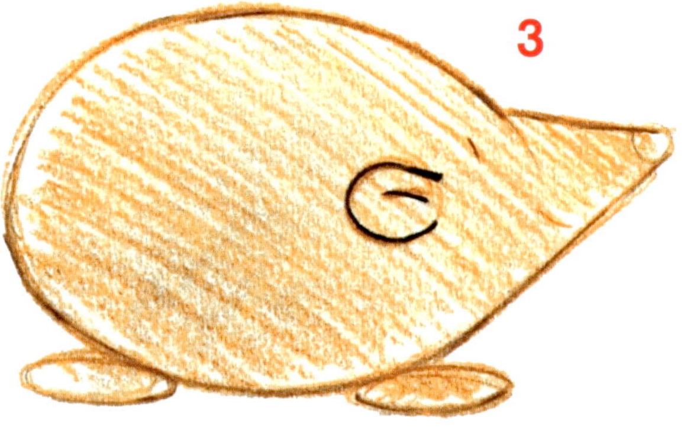
3

malst du mich bitte rundum an.
Erst dann die schwarzen
Stacheln dran!

Nun fehlt mir nur noch
das Gesicht.
Doch bitte Vorsicht,
Igel sticht!

Mäuschen

1

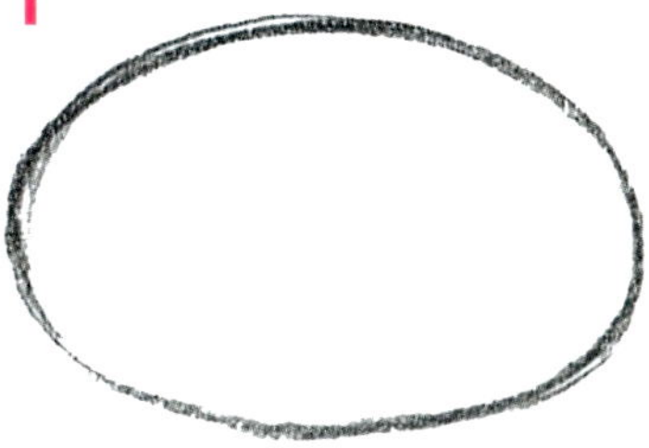

2

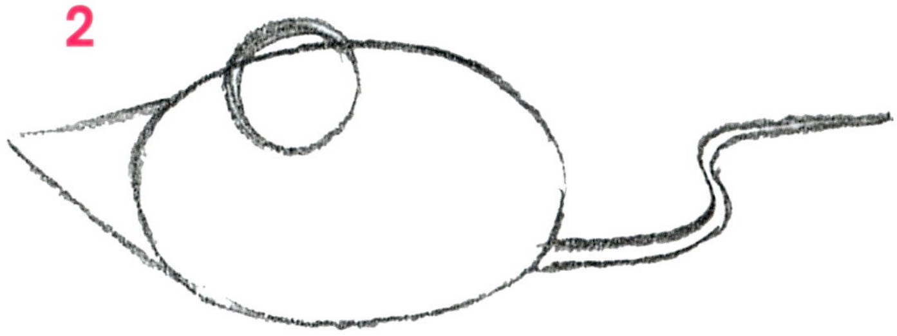

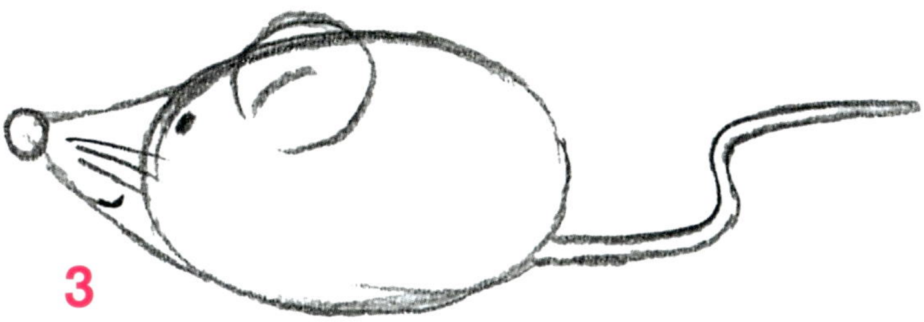

3

Die Spielzeugmaus hat keine
Spielzeugmäusebeine.
Sie rutscht auf ihrem Bauch.
Na also. Geht doch auch!

Fliegenpilz

1

2

Ein jeder Pilz hat einen Hut
und einen Stängel drunter.
Und stellt sich jemand unter,
wird er nicht nass und hat es gut.

3

Ein jeder Pilz hat einen Hut,
doch mancher macht uns krank.
Vom Fliegenpilz weiß Gott sei Dank
ein jeder: Tut nicht gut!

Fuchs

1

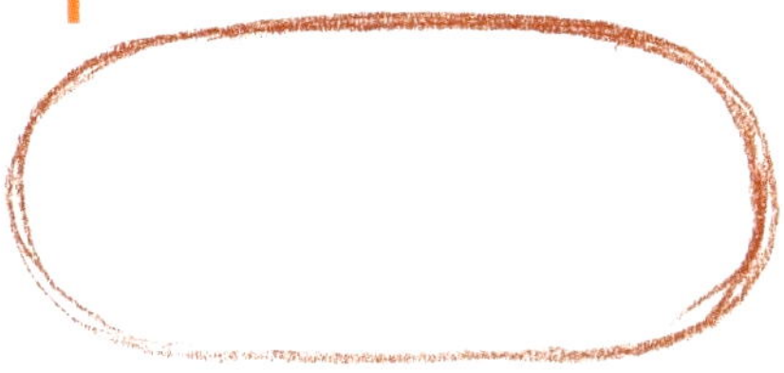

Walze, Kugel drauf und flugs
wird daraus der kleine ...

2

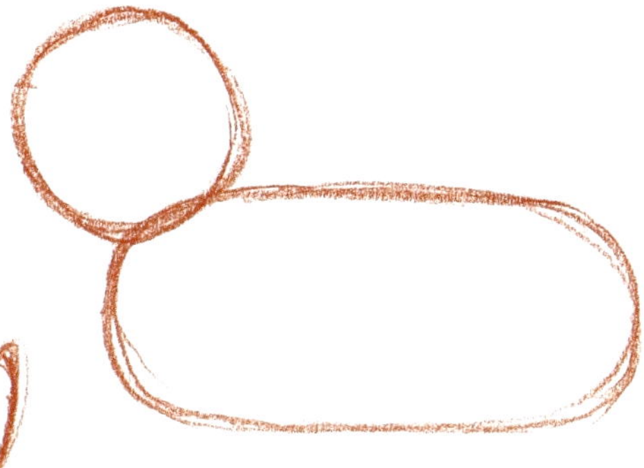

Hase.

3

Hase?

4

Kurze Ohren, spitze Nase?
Und dazu der dicke Schwanz?
Nein, das ist ein Fuchs!

Von oben, von unten

Von oben seh'n wir gut
vom Pilz den großen Hut.

1

2

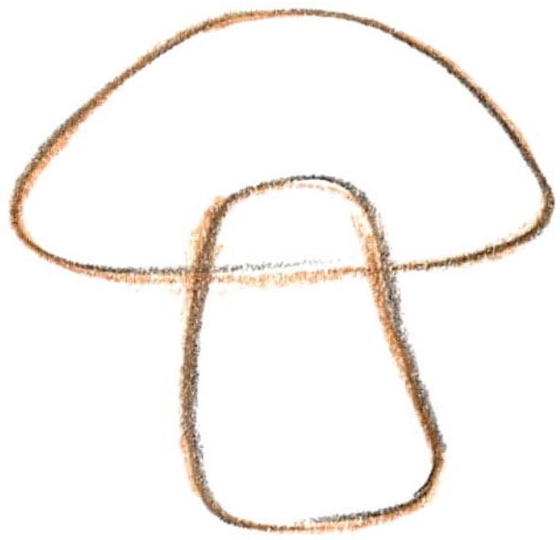

1

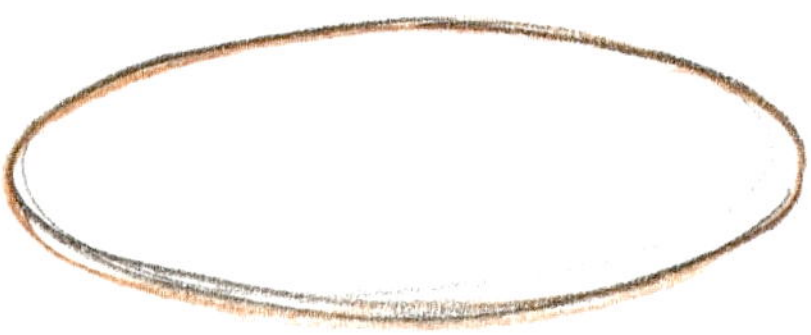

2

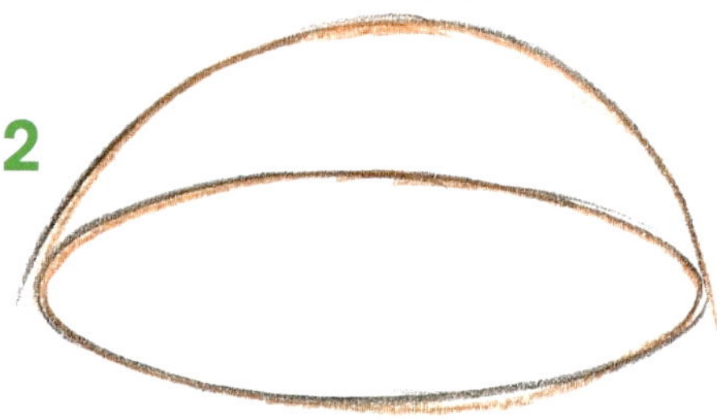

Jetzt machen wir uns klein
wie eine kleine Maus.
Und schaun von unten rein.
So sieht der Pilz dann aus!

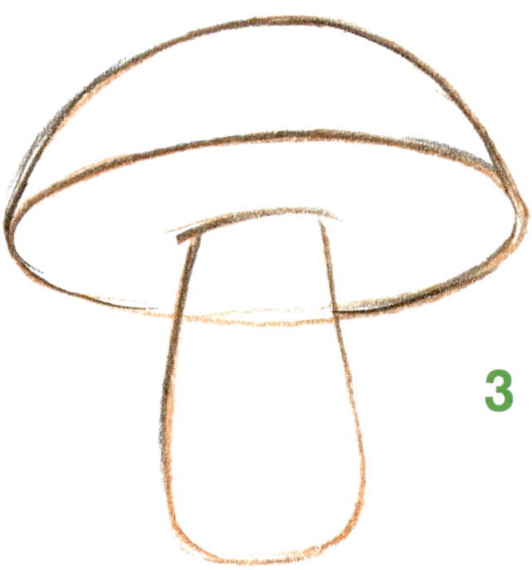

3

Eule

1

Das Ei, das sitzt da ganz allein:
Das Ei will eine Eule sein!

2

Da zeichnen wir ihm Augen ein:
ganz groß, dafür die Ohren klein.

3

Zwei Flügel kommen außenrum.
Zwei Füße, da fällt sie nicht um.
Der Schnabel und das Federkleid.
Und Farbe! Schau, es ist soweit.

Da sitzt die Eule ganz allein.
Jetzt schau doch nicht
so finster drein!

Eichhörnchen

1

Das Eichhörnchen
im Walde rief:
Das Ei im Viereck
ist ja schief!

2

Das muss so sein! Wir zeichnen hier
gerade doch ein Bild von dir!
Der Kopf kommt in die Ecke rein.
Hier sind die Pfoten, groß und klein.

3

Dort in den Kreis den Kuschelschweif
und da die Ohren, schmal und steif.

Das Eichhörnchen ruft: Wunderbar!
Das sieht mir ähnlich, wirklich wahr!

Tannenbaum

Wer ein Dreieck zeichnen kann,
pflanzt ein Tannenbäumchen an.

Zeichne einen Baumstamm auf
und das erste Dreieck drauf.
Nun das zweite in die Mitte
und dann oben drauf das dritte.

Soll die Tanne höher sein, zeichne noch mehr Äste ein!

Laubbäume

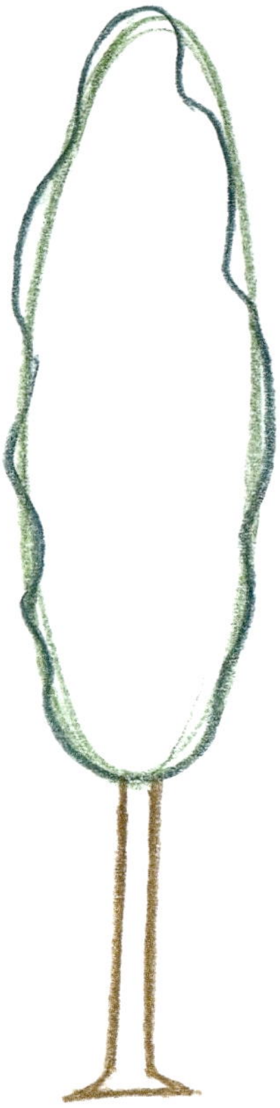

Ein dicker Stamm, wie schön zum Klettern!
Darauf ein Wuschelkopf aus Blättern.
Der Baum hat eine grüne Krone
und nur im Winter ist er ohne.

Häschen

1

Zeichne hier ein großes Ei

2

und ein kleines. Das sind zwei.

3

Ohren, Schwänzchen, Pfoten dran:
lauter Kringel. Sieh mal an!

Hasenfell und dann ein Näschen:
Fertig ist das Hoppelhäschen.

Dinosaurier

Wie lang ein Dinosaurier ist!
Vom Kopf, mit dem der Dino frisst,
bis hinten, wo der Schwanz am Schluss
dann endlich auch mal enden muss!

1

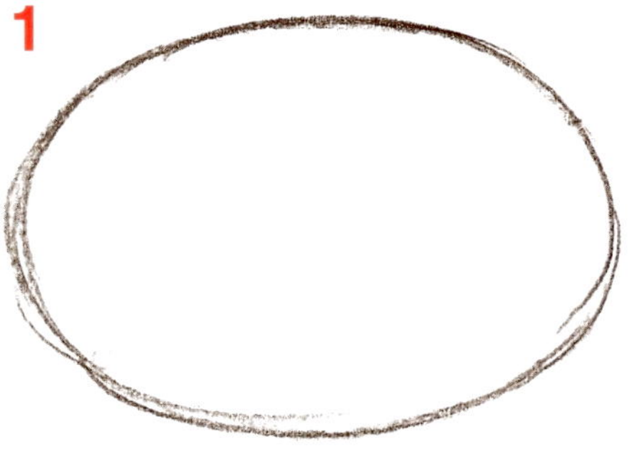

Dazwischen ist der Dino dick.
Wir fangen an mit diesem Stück.

2

Der Hals wird um den Kreis gebogen,
der Schwanz nach hinten lang gezogen.

3

Ein kleiner Kopf darauf und dann
fang mit den vielen Zacken an.

4

Mit seinen Beinen dick und stumpf
versinkt ein Dino nie im Sumpf!

Tyrannosaurus

Schon am Morgen, früh um sechs,
stampft Tyrannosaurus Rex
durch den Wald und brüllt und murrt:
Hunger hab ich, Magen knurrt!

1

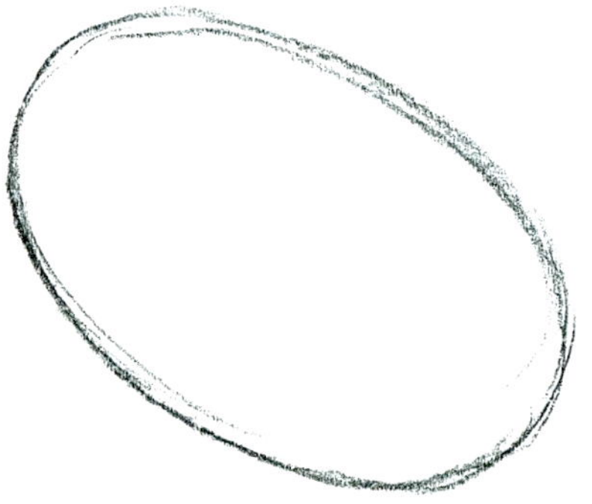

Ich bin ja so fürchterlich!
Nimm ein Ei und zeichne mich!

2

Hinten einen Schwanz daran,
vorne Hals und Kopf und dann
kriegt er starke Hinterbeine.
Aber vorne nur ganz kleine!

3

Bald kommt er daher getappt.
Hat sein Maul schon aufgeklappt!

4

Was, wenn er jetzt nach mir schnappt?
Ausgestorben! Glück gehabt!

Delfin

1

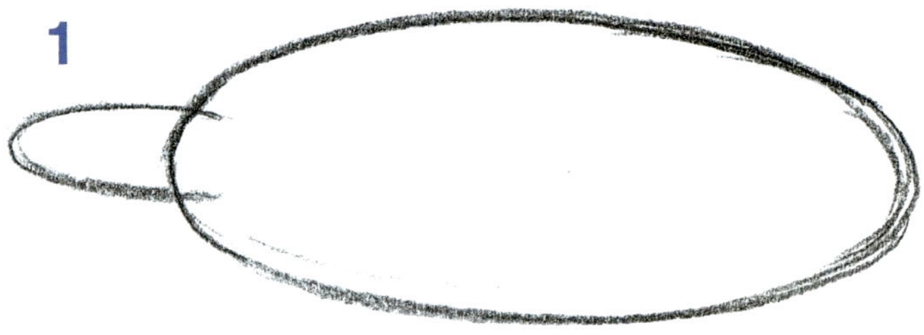

Mit dem Kringel
fängt es an.
Da kommt gleich
der Schnabel dran.

2

Fluke heißt die Flosse hinten.
Flipper sind die Seitenflossen.
Finne heißt die Flosse oben.
Alles passt wie angegossen!

3

Fertig! Schon kann der Delfin
fröhlich durch die Wellen ziehn.

Dicker Fisch

1

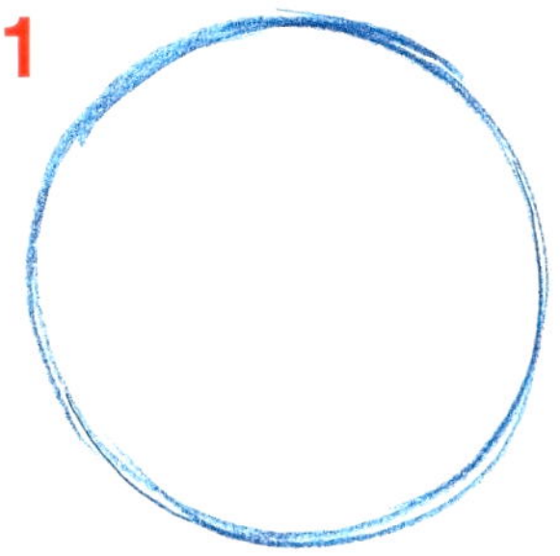

Das hier ist der Kugelbauch.

2

Spitze Flossen rundherum.

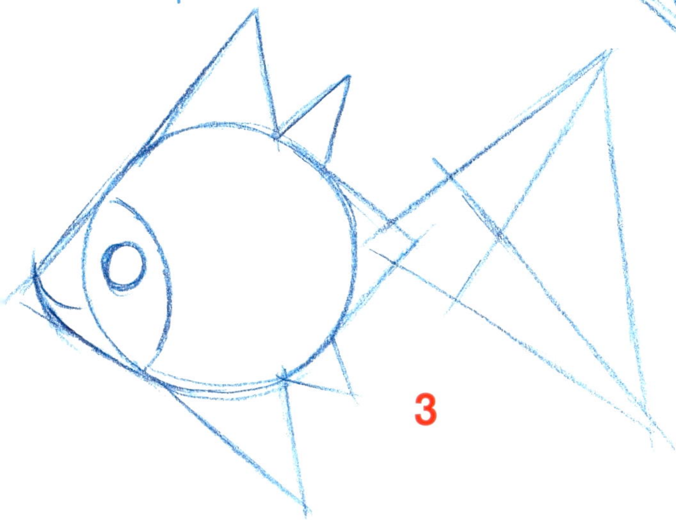

3

Mund und Augen braucht er auch.
Los jetzt, ins Aquarium!

Toller Hecht

1

Auch lange Fische waren mal
nur so ein längliches Oval.

2

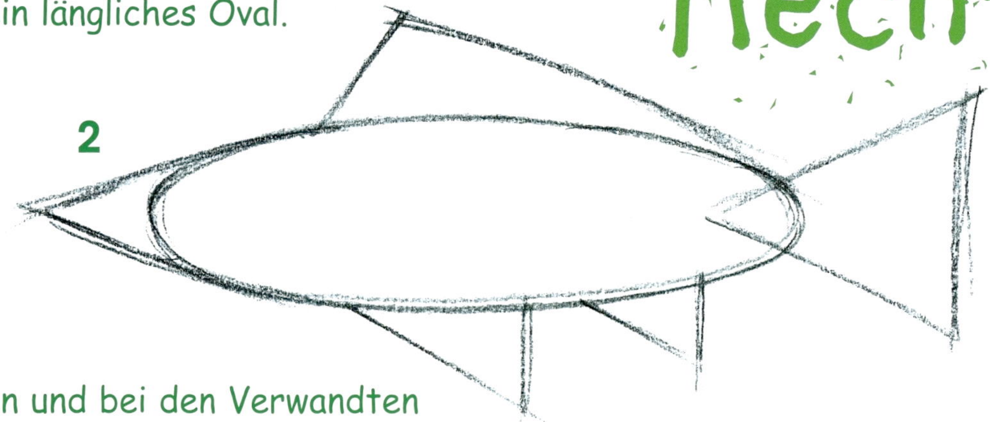

Bei ihnen und bei den Verwandten
kriegen Flossen scharfe Kanten.

3

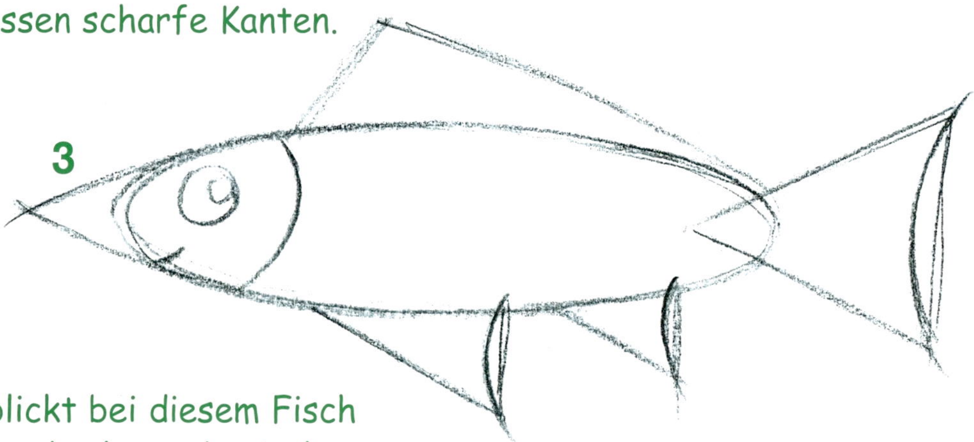

Das Auge blickt bei diesem Fisch
gefährlich und sehr räuberisch.

Ist das nicht echt
ein toller Hecht?

Pinguin

1

2

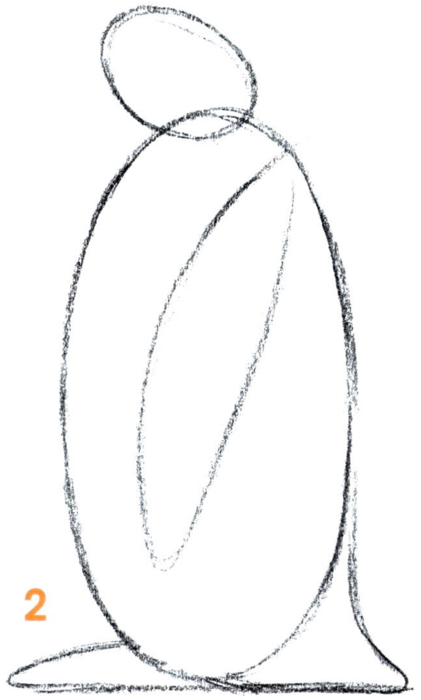

Ein Männlein steht am Südpol
mit einem großen Bauch.
Wir zeichnen Kopf und Flügel
und Schwanz und Füße auch.

3

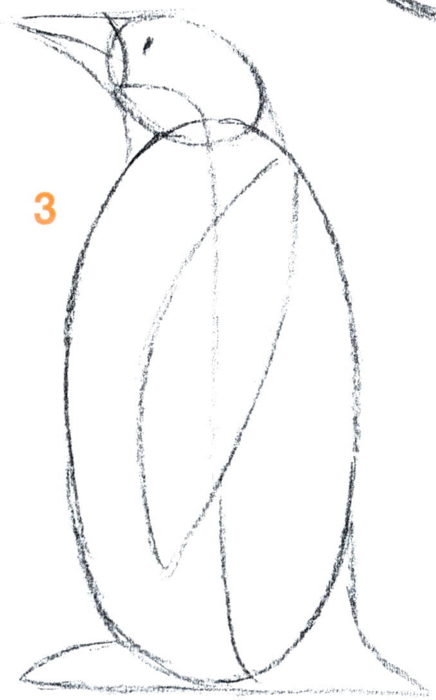

Vorne kommt der Schnabel dran,
Augen, Zehen, Latz und dann
ziehen wir dem Pinguin
den dunklen Anzug an.

Vöglein

1

Vöglein flattert,
Vöglein steht.
Schau, ich zeig dir,
wie das geht.

2

3

Will der Vogel
hoch hinaus,
streckt er seine
Flügel aus.

1

Bleibt er lieber stehen, dann
legt er seine Flügel an.

2

Äffchen

Wer ein Äffchen zeichnen will,
möchte, dass es brav und still
ruhig auf dem Boden sitzt,
und nicht durch den Urwald flitzt!

Stell ein Ei am Boden auf.
Setz ein kleineres darauf.
Arm und Bein zuerst und dann
zeichne Hand und Fuß daran.

Kleine Kringel für die Ohr'n,
großer fürs Gesicht da vorn.
Zeichne Finger, Zehen und
Nase, Augen und den Mund.

Und jetzt fehlt nur noch das Fell.

Sitzen bleiben,
das geht schnell!

1

2

3

Elefant

In Afrika steht unerkannt
ein ziemlich kleiner Elefant.

1

2

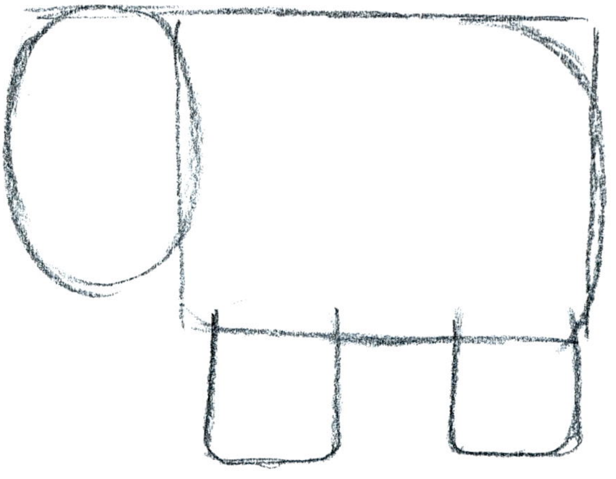

3

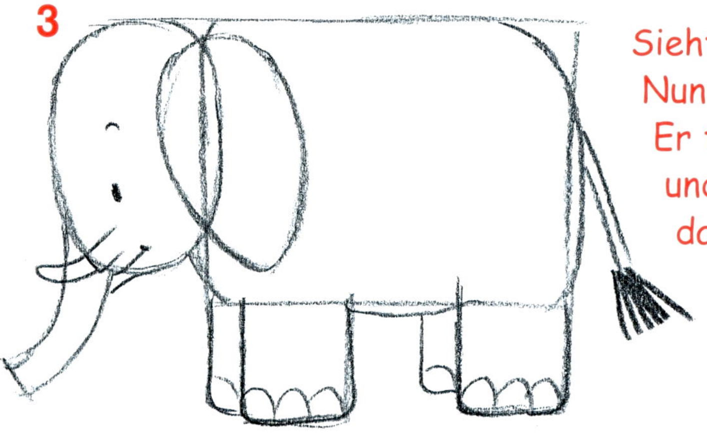

Sieht grad noch wie ein Viereck aus.
Nun schauen Kopf und Beine raus.
Er trägt den Rüssel stolz voran
und hinten hängt
das Schwänzchen dran.

Die Ohren groß,
der Stoßzahn klein –
bald wächst er
und wird größer sein!

Nun sieh mal an! Ein Elefant!
Den habe ich doch gleich erkannt!

Löwe

Das wird ein Löwe, stolz und wild.
So zeichnen wir das Löwenbild:

1

Wir fangen mit dem Körper an.

2

Da kommen Kopf und Beine dran.

3

Beim Löwen werden Kopf und Tatzen
viel größer als bei Miezekatzen!

Rund ums Gesicht die Löwenmähne.
Wo sind die scharfen Löwenzähne?

O nein, die zeigt er
uns nicht her.
Sonst fürchten wir
uns viel zu sehr!

Giraffe

1

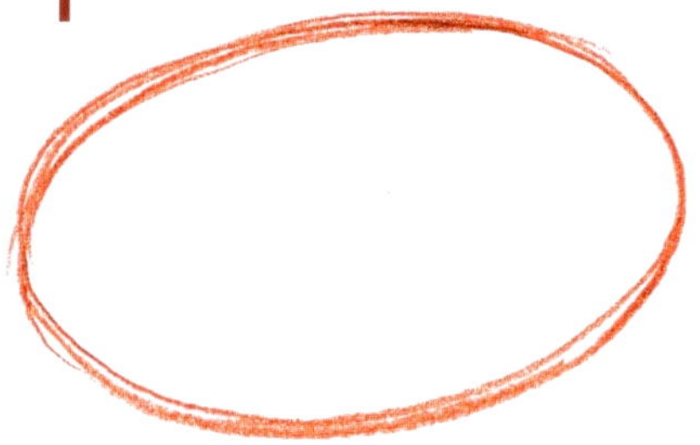

Jedes Tier hat einen Bauch,
also die Giraffe auch.
Damit haben auch die langen
Tiere einmal angefangen!

2

3

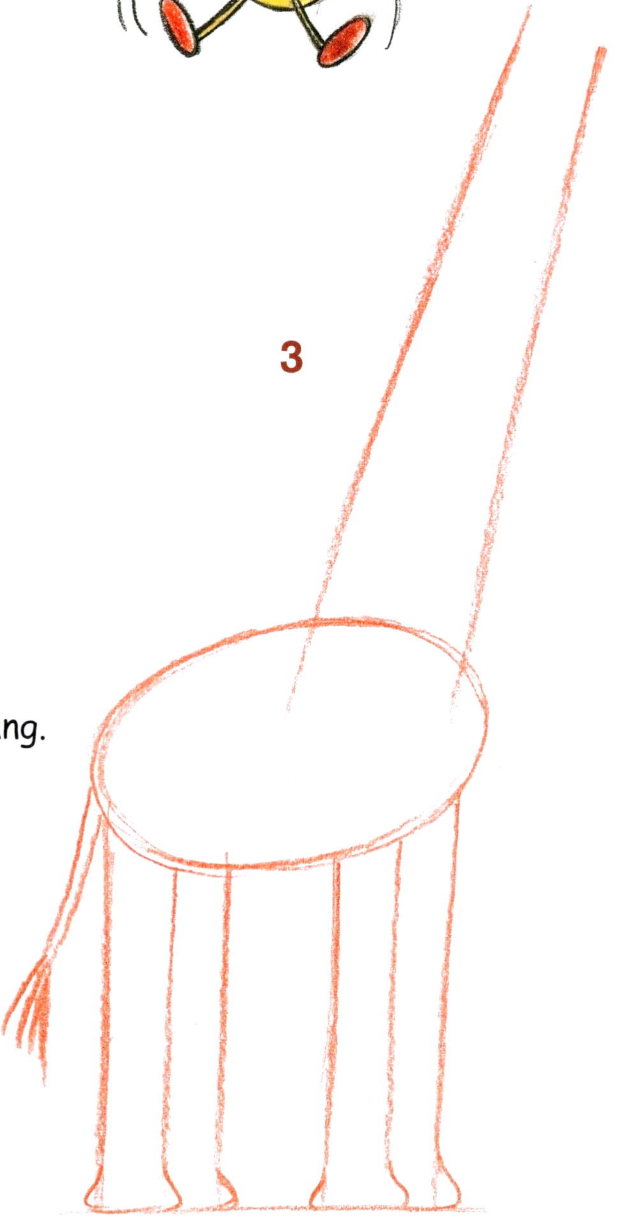

Und für den Giraffengang
braucht es Beine, ziemlich lang.

Aber nichts ist länger als
oben der Giraffenhals.

Die Giraffe trägt dort droben
ihren Kopf ganz hoch erhoben.

Hinten kommt das eine Ohr.
Zeichne einen Kringel vor,
einen für die Schnauze vorn,
einen noch für jedes Horn.

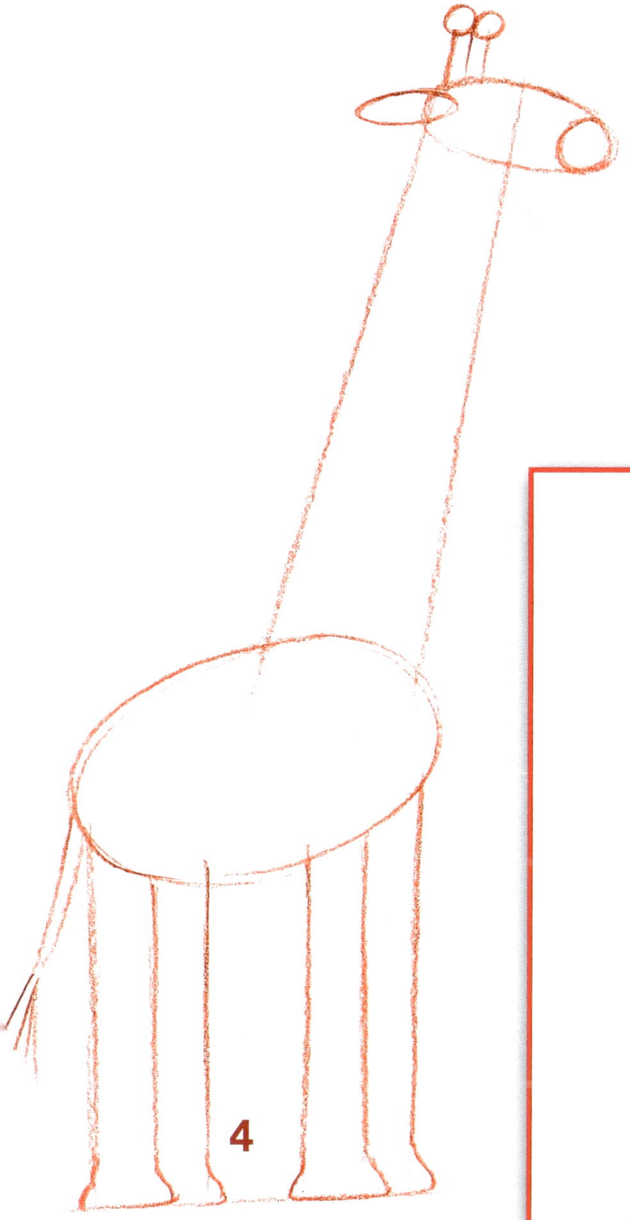

4

Nur noch das
Giraffenfell
und die Mähne.
Ging ja schnell!

So. Da steht sie nun
und guckt.
Dauert lange, wenn
sie schluckt!

Känguru

Das Känguru
hüpft immerzu
und bleibt nur selten stehen.
Schnell zeichnen wir
das Beuteltier
vom Kopf bis zu
den Zehen.

1

2

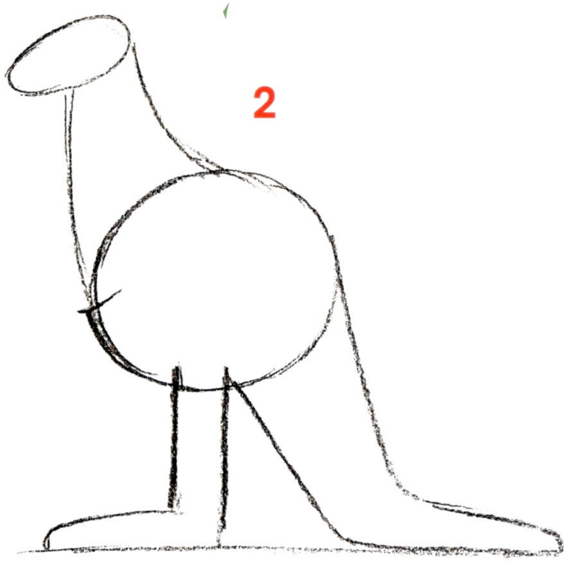

Bald sitzt es ganz
auf seinem Schwanz
und dazu kommen Beine.
Und einen Bauch,
den hat es auch.
Und darin steckt das Kleine.

3

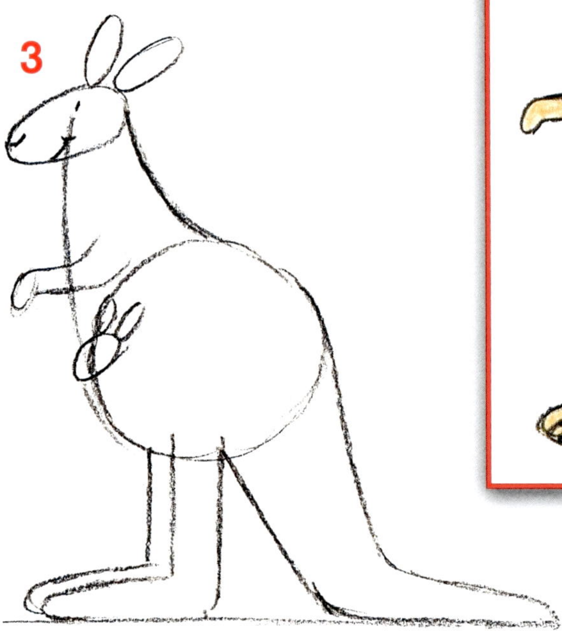

Nashorn

1

Jedes Nashorn hat ganz vorn
auf der Nase so ein Horn.
Doch das Horn kommt später dran.
Wir fangen mit dem Viereck an.

2

Drauf der Kopf und drunter kleine
kurze, dicke Stummelbeine.

3

Hinten kommt der Schwanz und vorn
Ohren, Augen, Mund und Horn.

Kamel

1

Tief in der Wüste liegt ein Ei.
Wie viele Höcker kriegt es? Zwei!

2

Wie viele Beine kriegt es? Vier!
Was wird das für ein Wüstentier?

3

Da vorne kommt der Hals hervor,
gebogen wie ein dickes Rohr.

4

Da steht nun das Kamel und spricht:
Mir fehlen noch: Kamelgesicht,
die Ohren, Füße und der Schwanz.
Ich bin bereit. Nun mach mich ganz!

Siehst du die beiden Höcker hier?
Deshalb bin ich ein Trampeltier!
Mit einem wäre ich, ganz klar,
bloß so ein dummes Dromedar.

Lastauto

1

Vorne hoher Kasten, hinten breiter Kasten.
Vorne für den Fahrer, hinten für die Lasten.

2

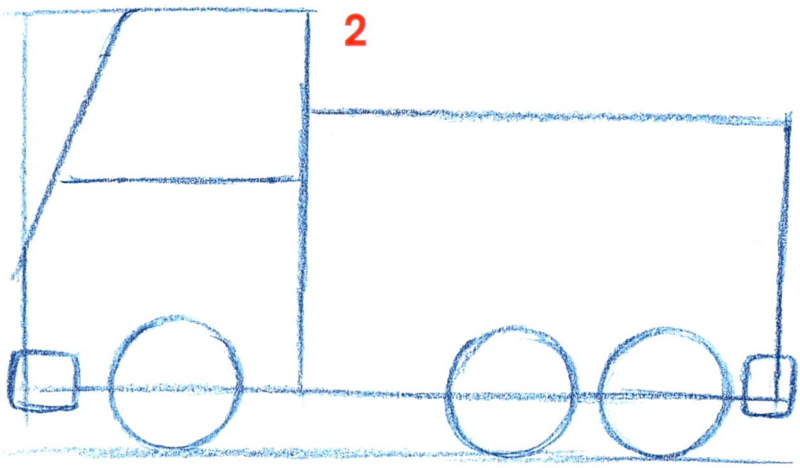

Vorne wird daraus
unser Fahrerhaus.

Vorne ist er leicht.
Dieses Rad hier reicht.

Hinten ist er schwer,
und da braucht er mehr.

3

Zeichne nun ganz klein
einen Kreis hinein.
Und nun sieht ein jeder:
Da dreh'n sich die Räder

4

Vorne kommt die Tür.
Hinten müssen wir
alles fest verschnüren.
Bitte nichts verlieren!

Auto

1

Fang mit einem Viereck an.
Teil es mit zwei Strichen ein.
Unten zeichnest du die Räder,
oben Dach und Fenster rein.

2

3

Zeichne in den weißen Fleck
Kühlerhaube, Türen, Heck.

Und wenn alle drinnen sind,
Vater, Mutter, Hund und Kind,
fährt das Auto weg.

Cabriolet

Das Cabriolet ist
rund und flach
und es braucht
kein Wagendach.

1

Zeichne einen Kasten und
vorn und hinten alles rund.

2

Zeichne oben
eine spitze
Windschutzscheibe.
Und die Sitze!

Unten Räder, vorn das Licht.
Alles dran? Noch lange nicht!

Fertig.
Bitte Sonnenschein,
denn sonst regnet
es herein!

3

Traktor

Der alte Traktor fährt nicht mehr.
Was wünscht sich da der Bauer?
Es muss ein neuer Traktor her!
Sonst ist der Bauer sauer!

1

Wir fangen mit zwei Kästen an,
da passt der Traktor rein.
Da unten kommen Räder dran,
eins groß und eines klein.

Und was muss sonst noch alles dran,
damit der Bauer fahren kann?

Wir zeichnen ihm ein Fahrerhaus
und nun das Lenkrad rein.
Denn sonst geht's immer gradeaus
und über Stock und Stein!

2

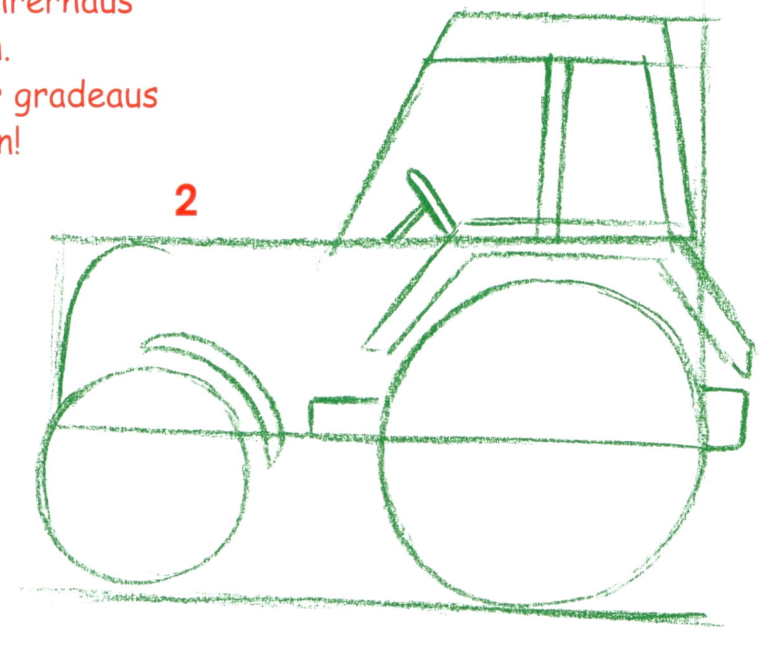

3

Den Auspuff ziehen
wir ganz hoch,
sonst stinkt's
im Fahrerhaus!

Dann zeichnen wir
die Reifen noch,
sonst rutscht
der Traktor aus.

Nun malen wir den Traktor an.
Das haben wir doch gern getan!

Hubschrauber

1

Das wird ein Ei, das fliegen kann!

Du zeichnest einen Schwanz daran.

2

Da drinnen brummen die Motoren
und außen drehn sich die Rotoren.

3

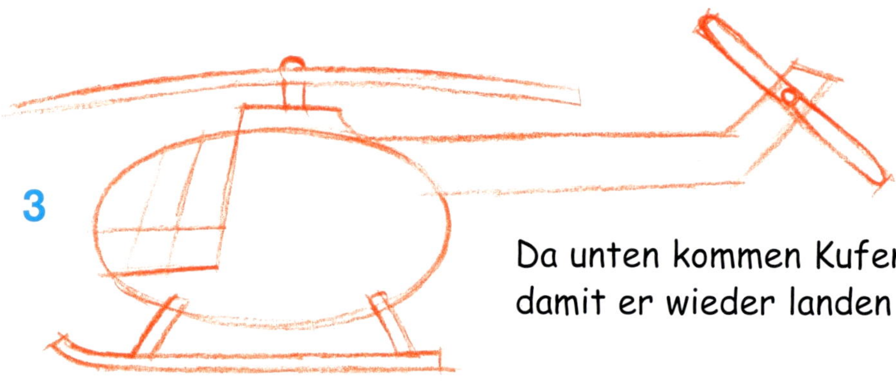

Da unten kommen Kufen dran,
damit er wieder landen kann.

Dampfer

1

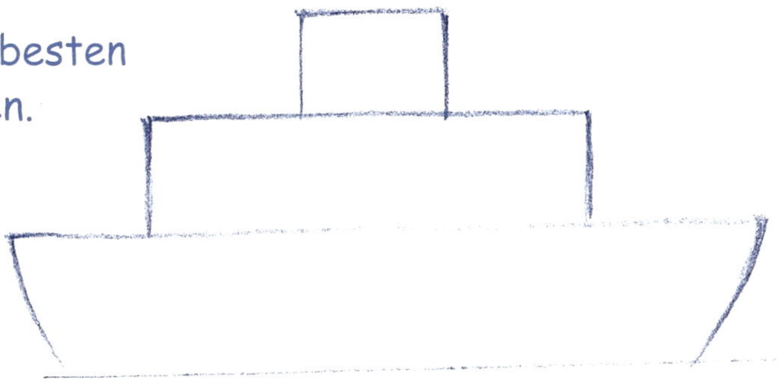

Den Dampfer zeichnen wir am besten
ganz am Anfang mit drei Kästen.
Da vorne ist der Bug gebogen.
So geht es schneller
durch die Wogen.

Dann zeichne Fenster
und den Kran
und Wellen.
Male alles an.

So dampft er fröhlich
auf dem Meer
nach Afrika
und wieder her.

2

Segelboot

Ich spür es schon,
gleich kommt der Wind.
Wir bauen uns ein Boot geschwind!

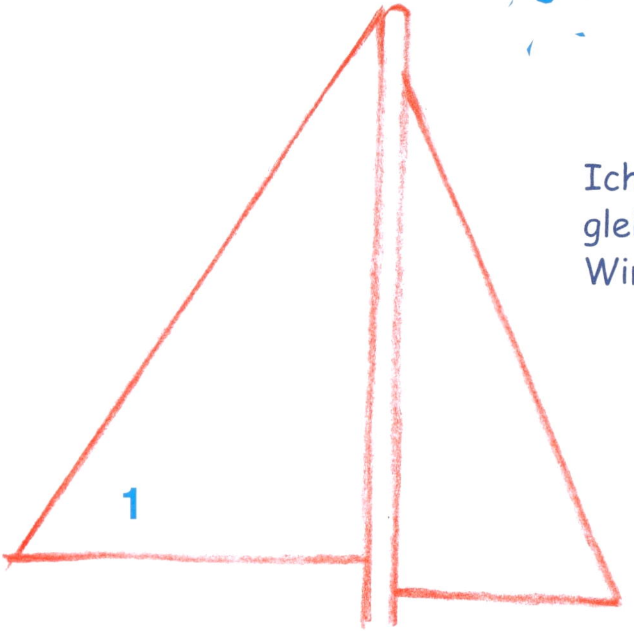

1

Ein Dreieck groß und eines klein.
Dazwischen kommt der Mast hinein.

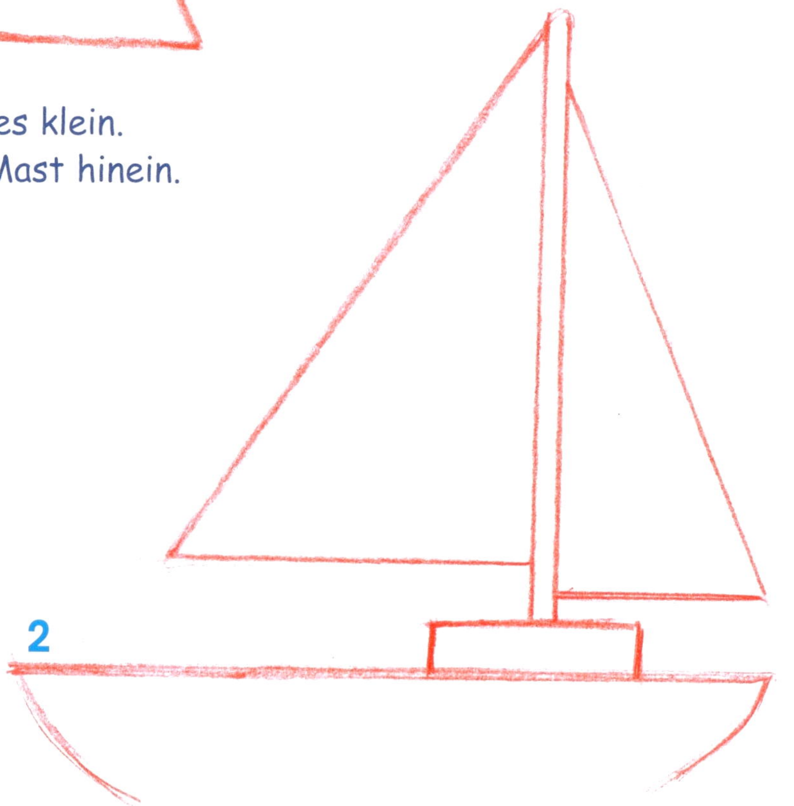

2

Nun setzen wir den Segelmast
auf unser Boot. Wie gut das passt!

Und jetzt noch die Kabine bauen,
mit Fenstern, um hinauszuschauen.

Die Wellen tanzen hin und her
und auf ab und übers Meer.

Da kommt der Wind!
Die Taue spannen!
Schon segelt unser Boot
von dannen.

3

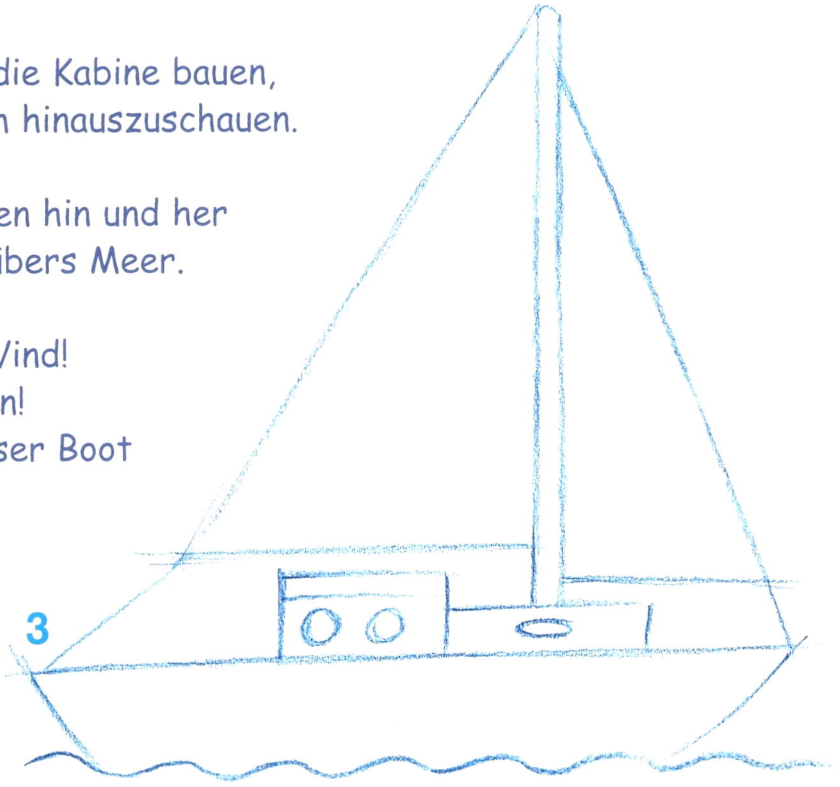

Ritterburg

Ritter Kuno baut sich eine
Burg und dafür braucht er Steine.
Außerdem noch einen Plan:
Mit drei Türmen fängt er an.

1

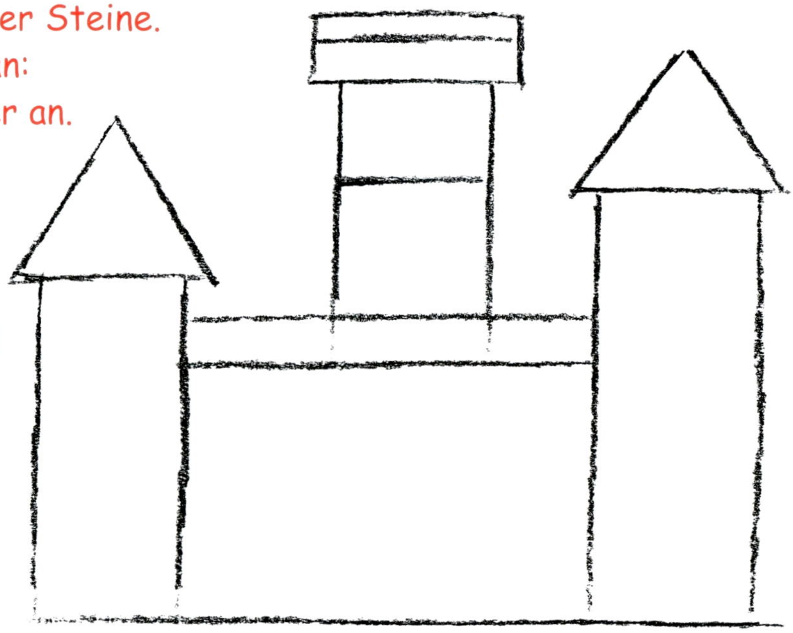

Oben drauf das Hütchendach,
nur der große Turm bleibt flach.
So. Dann macht der Burgenbauer
Tür und Fenster
in die Mauer.

2

3

Zimmert sich das Tor aus Holz,
mauert Zinnen Stein auf Stein.
Oben wehen Fahnen stolz.
Unten lässt er keinen rein!

Teddybär

1

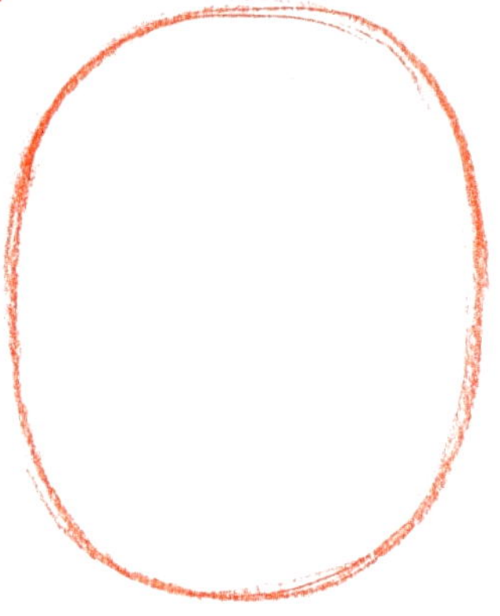

2

Womit macht ein Teddy Brumm?
Mit dem dicken Bauch!
Aber Arme, Kopf und Beine
braucht ein Teddy auch.

3

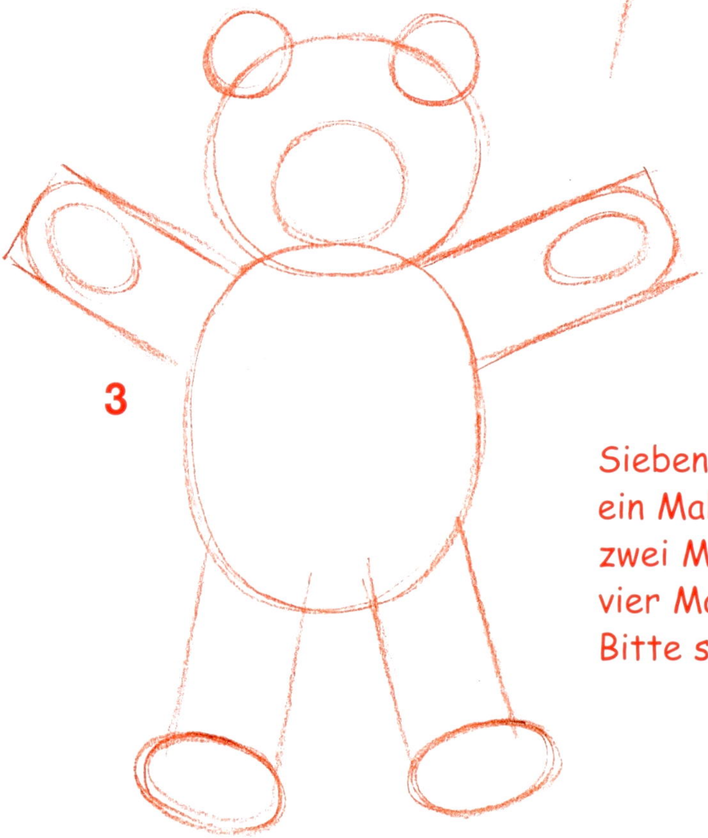

Sieben Kringel kriegt der Bär:
ein Mal Schnauze,
zwei Mal Ohren,
vier Mal Pfoten.
Bitte sehr!

Binde ihm die Schleife um.
Was macht Teddy?
Brumm, brumm, brumm!

Mädchen

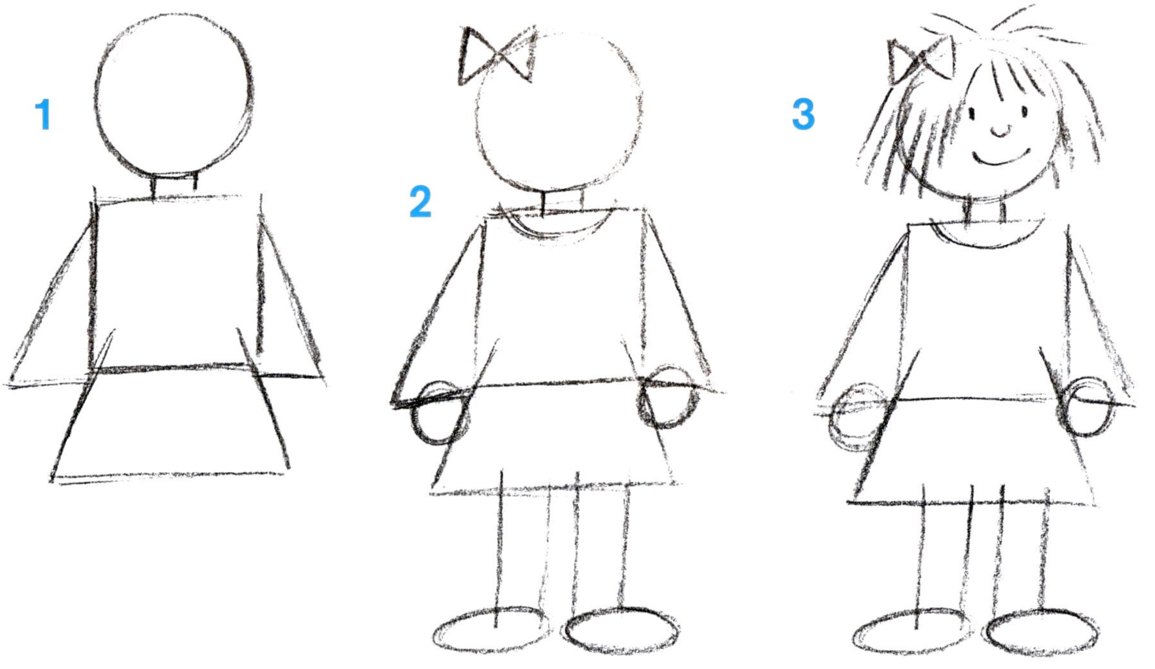

Das ist Monika und hier
zeichnen wir ein Bild von ihr.

Fang mit Kreis und Kasten an.
Dreiecke als Ärmel dran,
Kugelhände, aber kleine!
Unten kommen Rock und Beine.

Zeichne das Gesicht und dann
ziehe ihr was Hübsches an!

Junge

Dieser Junge hier heißt Klaus
und sieht fast wie Moni aus.

Was ist anders? Oben nur
eine andere Frisur.

Außerdem steckt er in seinen
langen blauen Hosenbeinen.

Prinzessin

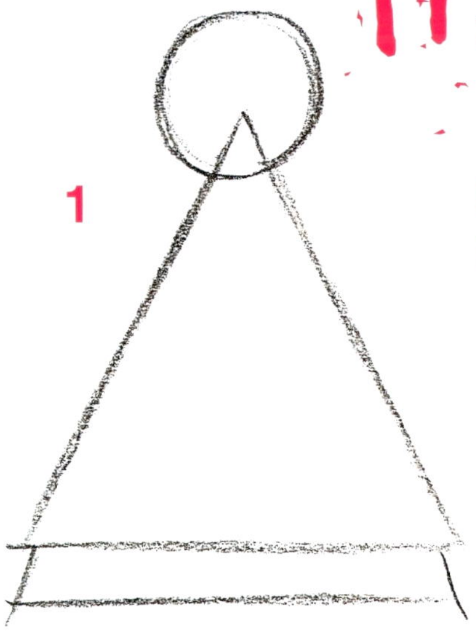

1

Die Prinzessin geht nie ohne ihre schöne goldne Krone.

Zeichne erst ein Dreieck auf und dann einen Kreis darauf.

2

Dann die Füße und die weiten Ärmel auf den beiden Seiten. Und das oben auf dem Kopf wird die Krone und kein Topf!

3

Bin ich hübsch? Nein, ich gehör unbedingt noch zum Frisör! Gold und Sterne überall. Und jetzt auf zum Märchenball!

Hexe

Morgens früh um sechs
wird aus Kreis und Dreieck
eine kleine Hex.

1

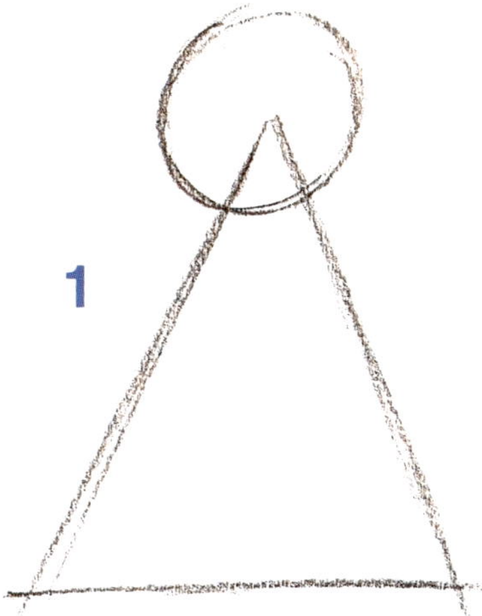

2

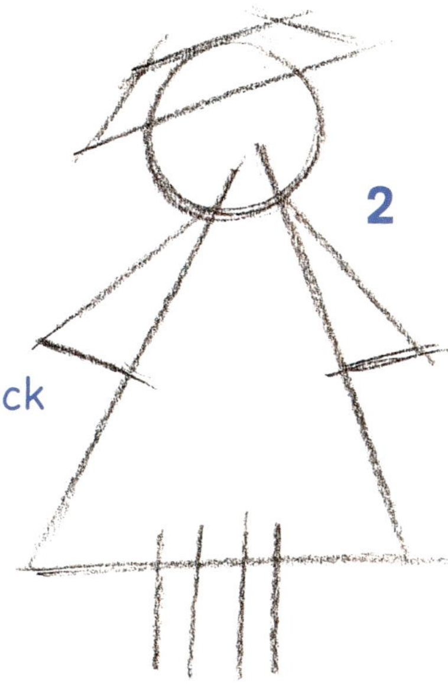

Morgens früh um sieben
steht sie auf den Beinen.
Hexe, hier geblieben!

3

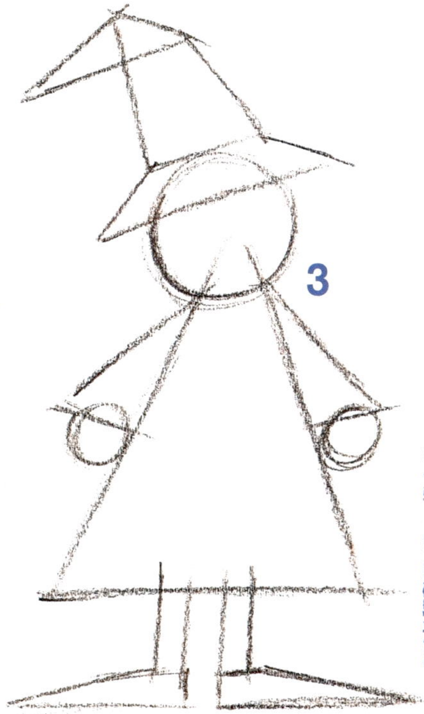

Morgens früh um acht:
Hände, Füße, Hexenhut,
alles schnell gemacht.

4

Morgens früh um neun
kriegt sie auch den Besen.
Da wird sie sich freu'n!

Morgens früh um zehn
ist die Hexe fertig,
kann zur Arbeit gehn!

Zauberer

1

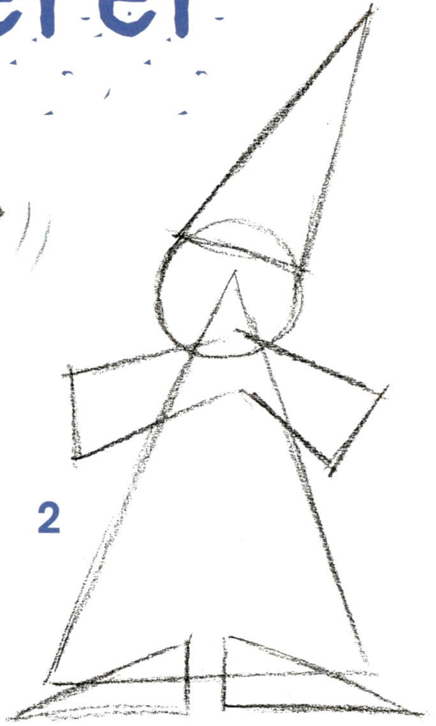

2

Bitte zaubere mich her!
Komm, ich zeig's dir. Ist nicht schwer.

Denn bei mir ist alles Spitze:
Auf dem Kopf die spitze Mütze,
spitz der Mantel, spitz die Schuh'
und ein spitzer Bart dazu.
Was ich in den Händen hab?
Das ist doch mein Zauberstab!

3

Zwerg

1

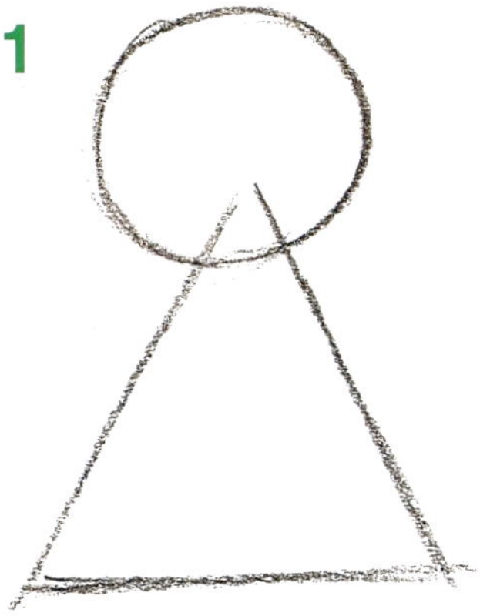

Wer ein Dreieck
zeichnen kann,
setzt noch eine Kugel drauf.

Ziehe ihm ein Röcklein an,
Setze ihm die Mütze auf.

2

3

Gürtel zu! Dann steck ihm kleine
Zwergenschuhe an die Beine.

Zeichne Haare und Gesicht.
Hörst du, was das Zwerglein spricht:

Ach, ich bin ja so allein!
Wer malt mir ein Brüderlein?

Pirat

1

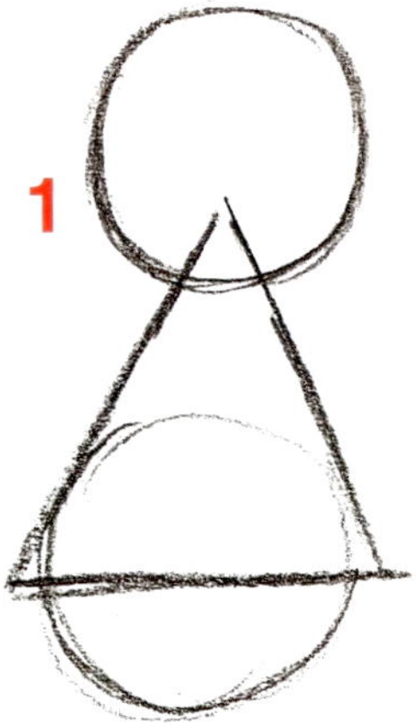

Ein Dreieck und zwei Kreise,
nun darfst du dreimal raten:
Wen haben wir denn da?
Vielleicht einen Piraten?

2

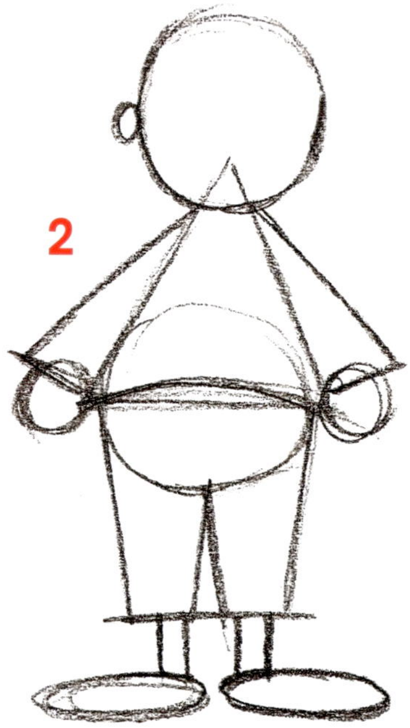

Zwei Arme und zwei Hände,
das sieht schon besser aus.
Und aus der Hose gucken
Piratenfüße raus.

3

Das Tuch, die Augenklappe
und dieser Räuberbart.
Wer will mit dem Piraten
auf große Räuberfahrt?

Clown

1

Drei Dreiecke und noch ein Kreis:
ein Clown! Ihr werdet sehen!
Da oben sitzt der Kugelkopf,
da unten wird er stehen.

2

Wir zeichnen ihm die Ärmel
und Schuhe, riesengroß.
Da oben kommt ein Hütchen.
Wann geht der Zirkus los?

3

Das Blümchen und die Fliege,
was braucht ein Clown noch mehr?
Er braucht ein lustiges Gesicht.
Und Farben, bitte sehr!

Wir lernen malen

Ohne Farben wäre die Welt ziemlich traurig: alles nur schwarz oder grau oder weiß. Und natürlich sind auch unsere Bilder bunt. Aber wie machen wir das?

Jeder kennt Buntstifte und Wachsmalkreiden, Filzstifte und Wasserfarben. Aber jeder wird staunen, was für tolle Bilder wir malen, wenn wir erst die Tricks der Künstler kennen. Denn jede Art von Stiften und Farbe hat ihre besonderen Eigenschaften. Je besser wir uns dabei auskennen, desto mehr Spaß macht das Malen.

Wie können wir Mond und Sterne in finsterer Nacht leuchten lassen? Wieso fließen Wasserfarben nur auf nassem Papier so schön ineinander? Wie kommen weiße Schneeflocken in den Winterwald? Und wie geht das Malen mit Buntstiften und Pinsel?

All das und noch viel mehr spannende Sachen lernen wir beim Nachmalen der Bilder in diesem Buch.

Wie malen wir den Fisch?

Buntstift oder Filzstift, Wachsmalkreide oder Wasserfarben? In diesem Buch lernen wir all diese Farben kennen. Hier zeigen uns die Bilder, wie zum Beispiel ein Fisch aussieht, wenn er auf unterschiedliche Weise gemalt wird. Jeder Fisch auf den beiden Seiten hat die gleiche Farbe und die gleiche Form. Deshalb können wir die Unterschiede gut erkennen.

Buntstift

Mit Buntstiften können wir dünne Linien ziehen und kleine Farbflächen genau ausmalen. Es gibt wasserfeste und vermalbare Buntstifte. Wenn wir mit vermalbaren Buntstiften malen, können wir die Farbflächen später mit Pinsel und Wasser übermalen. An diesen Stellen werden die Farben dunkler und die Striche verwischen sich. Das sehen wir bei diesem Fisch.

Verdünnte Wasserfarben

Wasserfarben lassen sich gut mit Wasser verdünnen. Dann scheint der Untergrund durch, nämlich das Papier oder die Farbe darunter. Wir können scharfe Ränder, aber auch fließende Übergänge von einer Farbe zur anderen malen und im nassen Bild Farben miteinander vermischen.

Deckende Wasserfarben

Hier wurde die Wasserfarbe direkt aus dem Malkasten genommen und mit ganz wenig Wasser dick aufgetragen. Nun deckt sie den Untergrund ab. Wenn wir eine trockene Farbfläche mit einer anderen übermalen, vermischen sich die Farben. Das sehen wir vorne beim Kopf.

Filzstift

Mit Filzstiften malen wir auf trockenes Papier. Später können wir an bestimmten Stellen auch mit Pinsel und Wasser darübermalen. Hier sehen wir, wie die Farben dann ineinander übergehen.

Vermalbare Wachsmalkreide

Vermalbare Wachsmalkreide können wir trocken auftragen und so belassen. Wir können sie aber auch mit dem Pinsel und mit Wasser vermalen. Hier sehen wir, wie die Farben dunkler werden und verfließen.

Wasserfeste Wachsmalkreide mit Wasserfarbe

Wasserfeste Wachsmalkreide löst sich nicht auf. Wenn wir mit dem Pinsel und verdünnten Wasserfarben über das Bild malen, nimmt nur das Papier die Farbe an. So entstehen schöne Muster.

Wir malen mit Buntstiften

Beim Malen mit Buntstiften reiben wir die Farbe der Mine auf das Papier ab. Das geht am besten bei einem Papier, das nicht ganz glatt ist. Auf Papier mit einer rauen Oberfläche färbt der Stift stärker ab und rutscht nicht so leicht darüber.

Raues Papier hat viele winzige Grübchen und Hügel. Wenn wir leicht darübermalen und dabei den Stift flach halten, bekommen nur die Hügel Farbe ab. Die Grübchen bleiben weiß. Dadurch erscheint die Farbe heller. Je fester wir andrücken, desto weiter dringt die Farbe in die Vertiefungen des Papiers ein. Die weißen Pünktchen verschwinden, und die Farbe wirkt dunkler und kräftiger. So können wir mit der gleichen Farbe dunkler und heller, Schatten und Licht malen.

Es gibt auch Buntstifte, die man mit Wasser vermalen kann. Mit ihnen malen wir zuerst genauso wie mit normalen, wasserfesten Buntstiften. Doch im Wasser löst sich ihre Farbspur auf, und wir können die Farbe mit dem nassen Pinsel gut auf dem Papier verteilen. Das sehen wir an den Bildern auf der rechten Seite.

Die Farbflächen links bilden eine Farbpalette. Sie enthält längst nicht alle, aber die wichtigsten Farben. Mehr brauchen wir nicht. Denn wir können die Farben mischen und viele Zwischenfarben erzeugen.

Die Farbpalette ist mit vermalbaren Buntstiften gemalt. Der obere Teil jedes Farbfeldes zeigt die Farbe so, wie sie vom Stift auf das Papier kommt. Darunter sieht sie verwaschen aus. Das kommt vom Vermalen mit Wasser: Die Farbe wird flüssig und fließt in die Grübchen im Papier. Gleichzeitig nimmt der Pinsel die Farbe auf. So können wir die Farbe noch weiter verteilen und verdünnen.

Hier sehen wir, dass auf einem rauen Papier nur die Hügel Farbe angenommen haben. Die winzigen Grübchen sind weiß geblieben. Bei manchen Bildern wollen wir das genau so haben – und keine glatte Farbfläche.

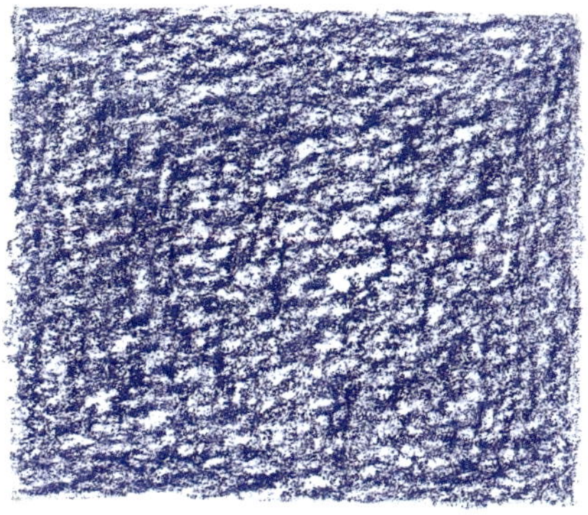

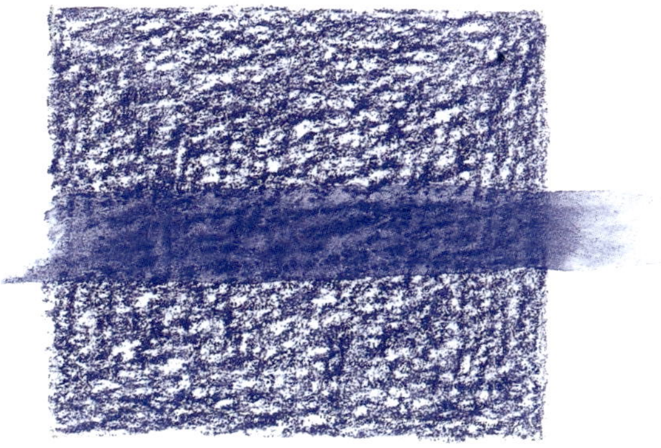

So sieht es aus, wenn wir mit dem Pinsel Wasser über die Farbfläche malen. Das geht nur mit vermalbaren Buntstiften.

Wo Wasser hinkommt, verfließt die Farbe und färbt auch die Grübchen im Papier ein. Hier wird die Farbe dunkler und glatter.

Das sehen wir auch an der Blume. Die eine Blüte (A) ist nicht übermalt, und bei ihr schimmert es weiß durch. Die andere Blüte (B) ist übermalt. Die Farbe ist voll und dunkel.

A

B

C

D

So sieht das Blatt vor dem Vermalen aus (C). Nach dem Vermalen (D) gehen die Farben weich ineinander über.

Bei uns im Wald

1. Mit dem Bleistift zeichnen wir ein Bäumchen nach dem anderen vor: die vorderen zuerst, die hinteren danach. Falsche Striche nehmen wir mit dem Knetgummi weg.

1

2

2. Die Umrisse malen wir mit einem grünen Buntstift aus. Die Bleistiftstriche sollen noch schwach sichtbar bleiben. Fertig? Nein, der Wald ist noch langweilig. Überall das gleiche Grün!

3. Deshalb kommen jetzt Wasser und Pinsel dran. Damit malen wir hier und dort einen Baum an, vielleicht nicht ganz bis zum Rand. Plötzlich stehen die Bäume auch hintereinander!

3

Nun soll das Bild trocknen. Den dunklen, schattigen Waldboden malen wir kräftig mit dem dunkelgrünen Stift auf und vermalen ihn mit dem Pinsel.

Was wir brauchen

- weicher Bleistift
Knetgummi
- vermalbare Buntstifte
- Zeichenpapier oder Aquarellpapier
- Pinsel und Wasser

1

2

1. Zum Vorzeichnen nehmen wir wieder einen weichen Bleistift.

2. Die Flecken auf dem Hut und dem Stiel lassen wir weiß wie das Papier. Alles andere malen wir mit Buntstiften kräftig aus. Die linke Seite haben wir hier schon mit Wasser und Pinsel bemalt. Aufpassen: Beim Wechsel von Rot zu Grün den Pinsel gut auswaschen, sonst kommt das Rot noch in die Wiese!

3. Manche Stellen können wir ruhig trockener und heller oder aber feuchter und dunkler malen. Wo mehr Licht auf den Pilzhut fällt, soll er heller erscheinen.

3

Miezekatze

Was wir brauchen
- weicher Bleistift
- vermalbare Buntstifte
- Schreibpapier
- Pinsel und Wasser

1

1. Mit dem weichen Bleistift zeichnen wir die Katze vor. Wenn ein Schwung oder Strich nicht gelingt, nicht gleich radieren, sondern lieber mehrere Striche übereinanderzeichnen.
Dann suchen wir uns die besten Linien aus, fahren sie kräftig nach und wischen mit dem Knetgummi über das ganze Bild. Dabei verschwinden die anderen Linien, und nur die gelungenen bleiben übrig.

2

2. Am besten malen wir das Katzenfell von außen nach innen. So ist es einfacher, nicht über den Rand hinauszufahren. Nicht zu viele verschiedene Farben für die Streifen und Flecken nehmen – drei reichen! Hier wird das Fell bräunlich, orangefarben und grau.

3

3. Den Teppich malen wir mit Buntstift. Dann gehen wir mit Pinsel und Wasser darüber. Nun übermalen wir die Farbflächen der Katze. Aufpassen: Wir müssen den Pinsel immer gut auswaschen, bevor die nächsten Farbflächen an die Reihe kommen. Sonst gibt es Mischfarben, die wir vielleicht gar nicht wollen.

4

4. Das Bild muss ganz trocken sein. Erst dann können wir mit Buntstift die Kringel auf den Teppich zeichnen. Sonst verschmieren sie. Zum Schluss zeichnen wir die Umrisse der Katze mit einem dunkleren Buntstift nach.

Mandala

Was wir brauchen

- weicher Bleistift
- Buntstifte
- Zeichenpapier
- Lineal
- Zirkel oder zwei verschieden große Teller

1. Wie soll unser bunter Mandala-Kreis aussehen? Auf jeden Fall braucht das Mandala außen einen großen und innen einen kleineren Kreis. Wir nehmen dafür einen Zirkel oder zwei Teller als Hilfsmittel. Mit Bleistift und Lineal unterteilen wir den Kreis in Tortenstücke: zuerst mit einem Kreuz in vier gleiche Teile und dann jedes Viertel noch einmal.

1

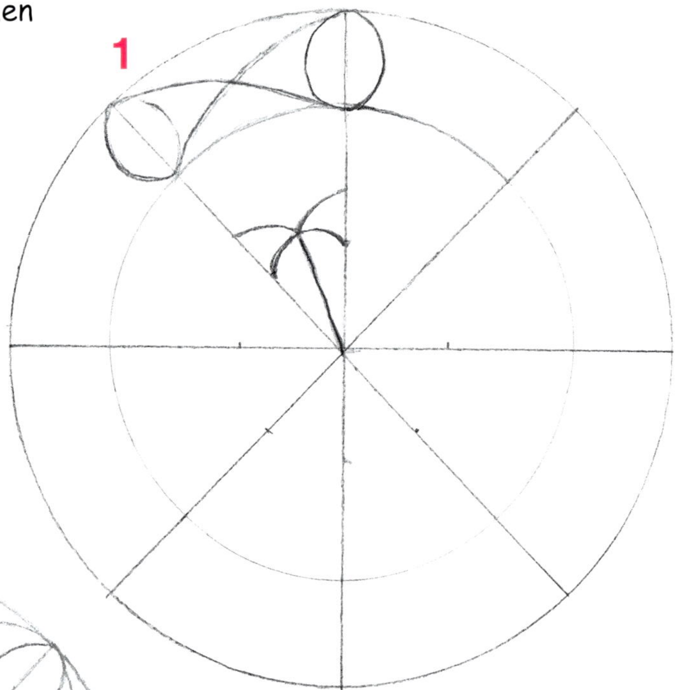

2

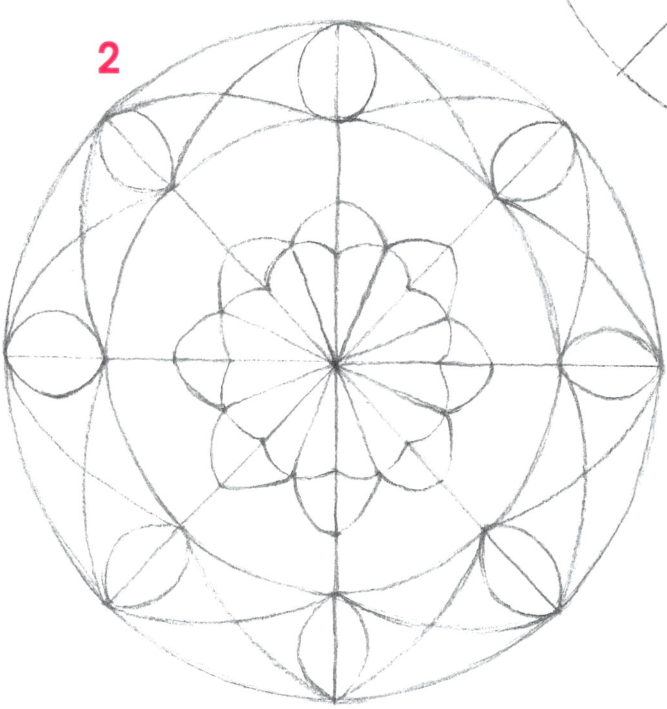

2. In die Felder kommen Muster, die sich rundherum wiederholen. In einem Feld fangen wir an, und genauso geht es weiter. Am schönsten ist es, wenn die Muster ineinander übergehen. Alles zeichnen wir so genau wie möglich vor. Vielleicht pausen wir die Vorzeichnung auch ein paarmal durch. Dann können wir das gleiche Mandala noch einmal in anderen Farben ausmalen.

3

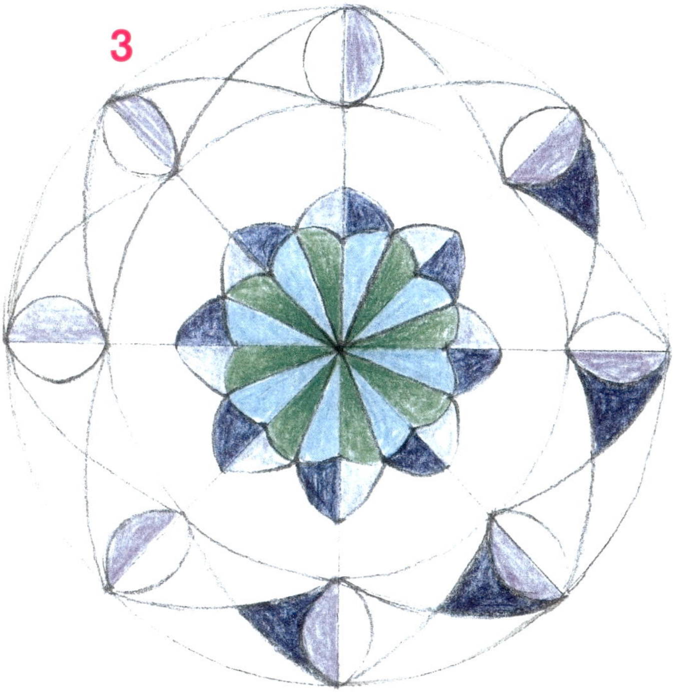

3. Welche Farben passen zusammen? Das probieren wir am besten auf einem anderen Blatt Papier aus, bevor wir die Muster auf dem Mandala mit Buntstiften ausfüllen.

Beim Ausmalen der Felder achten wir auch auf die Reihenfolge der Farben. Sie müssen sich genauso wiederholen wie die Muster!

Mein Ponyhof

Wer viele gleiche Formen zeichnen will, nimmt dafür am besten eine Schablone. Für den Ponyhof brauchen wir eine Pferdeschablone. Wir zeichnen die Umrisse des Pferdes auf Pappe und schneiden es aus. Dann legen wir die Schablone auf das Papier und fahren die Umrisse mit dem Bleistift nach. Die Schablone verschieben, und noch einmal!

Für andere Bilder können wir statt einer gebastelten Schablone auch Ausstechförmchen aus der Küche nehmen.

1

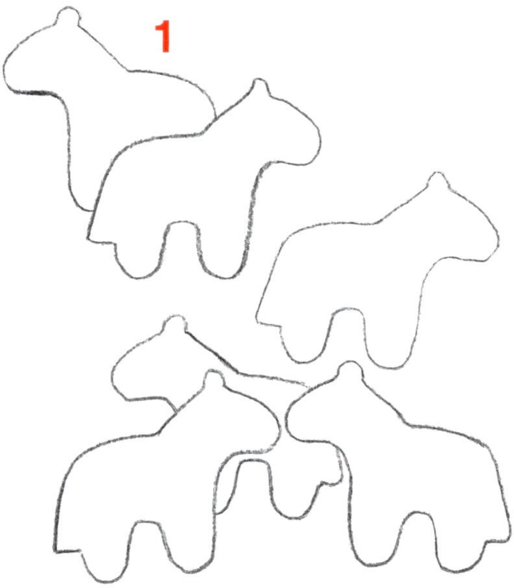

1. Die Ponys können wir nebeneinander und übereinander vorzeichnen. Wenn ein Pferdchen hinter einem anderen stehen soll, radieren wir die Umrisse an den verdeckten Stellen aus.

2

3

2. Für das Fell nehmen wir andere Buntstifte als für die Mähne und den Schwanz. Das Fell eines Schimmels lassen wir einfach weiß.
3. Rund um die Ponys malen wir die ganze Wiese grün an und lassen nur den Himmel weiß.

Richtig schöne und kräftige Farben bekommen die Ponys beim Ausmalen mit Pinsel und Wasser.

Vielleicht lassen wir einen Teil der Mähne auch trocken. Dann sehen die Buntstiftstriche wie Strähnen aus. Zwischen den Pferden übermalen wir auch die Wiese. Diese Stellen werden dunkler.

Was wir brauchen
- weicher Bleistift
- Pappe
- Schere
- vermalbare Buntstifte
- raues Zeichenpapier oder Aquarellpapier
- Pinsel und Wasser
- Knetgummi

Wir malen mit Wachsmalkreide und Wasser

Beim Malen mit Wachsmalkreide reiben wir den Farbstoff auf das Papier. Er setzt sich fest und überzieht das Papier mit einer hauchdünnen farbigen Schicht. Malen wir jedoch mit vermalbaren Wachsmalkreiden und befeuchten dann die Farbschicht mit Wasser, löst sich der Farbstoff ein wenig auf. Für ein Bild mit solchen Stiften machen wir die Vorzeichnung mit Bleistift, malen das Bild mit den Wachsmalstiften an – und malen dann mit dem Pinsel und Wasser weiter.

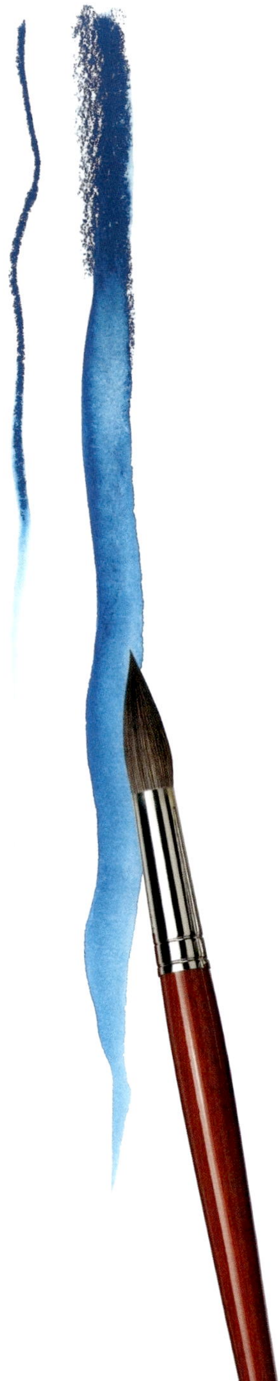

Das Vermalen funktioniert so: Wenn das Wasser vom nassen Pinsel auf die Kreidestriche kommt, wird die oberste Schicht der Farbe flüssig. Der Pinsel nimmt etwas von dieser Farbe auf. Wir können sie gut verteilen und mit ihr weitermalen. Das sehen wir gut an dem langen Kreide- und Pinselstrich rechts. Die Farbe fließt in die winzigen Rillen und Poren im Papier. Nun kommt überall Farbe hin, und die Farben erscheinen hier dunkler und kräftiger. Beim Hinausmalen auf das weiße Papier wird die Farbe heller.

Wir können ein ganzes Bild auf diese Weise malen. Oder wir suchen uns nur die Stellen eines Bildes aus, die dunkler und glatter werden sollen, und malen sie mit dem Pinsel aus.

Bei Wachsmalkreiden macht es einen großen Unterschied, auf welchem Papier wir malen – ob es glatt ist oder rau, weiß oder farbig.

Die Fee ist auf raues Aquarellpapier gemalt. Beim Übermalen mit Wasser werden die Farben glatter und dunkler.

Bei dem Schmetterling auf gelbem Tonpapier schimmert an manchen Stellen die Papierfarbe durch.

Das Häuschen steht auf braunem Packpapier. Die feinen Rillen sind auch nach dem Übermalen noch zu sehen.

Das Papier für diese Burg ist weißes, glattes Schreibpapier. Wenn beim Malen Packpapier darunter liegt, drücken sich die Rillen durch, wie hier bei der Mauer. Nachmalen und ausprobieren!

Sternenfee

Was wir brauchen
- weicher Bleistift
- Transparentpapier
- Aquarellpapier
- vermalbare Buntstifte
- Pinsel und Wasser

1

1. Wir zeichnen die Sternenfee vor. Wer will, kann sie auch von der Vorzeichnung oder vom großen Bild selbst abpausen. Dazu legen wir Transparentpapier auf die Vorlage und zeichnen die Umrisse mit einem weichen Bleistift kräftig nach. Dann drehen wir das Transparentpapier um, legen es auf das Aquarellpapier und fahren darauf die Linien noch einmal nach. Nun pausen sich die Linien durch.

2

2. Wir malen die Fee mit den Buntstiften aus. Wo sollen die Farben kräftig sein und leuchten? Bei den Schuhen, im Haar und am Stern. Wir tauchen den Pinsel in Wasser und malen damit über diese Stellen. Auch die Arme, Beine und das Gesicht übermalen wir: Dann wird die Haut glatt. Wenn wir die Farben wechseln, müssen wir den Pinsel immer gut auswaschen!

Blätterwald

Was wir brauchen
- Wachsmalkreiden
- trockene Blätter
- Schreibpapier
- Zeichenpapier
- Schere

1

2

3

1. Wir legen Schreibpapier auf ein Blatt und rubbeln mit einem Stück Kreide flach darüber. Wo Blattadern darunterliegen, wird das Papier farbig.
2. Die Umrisse ziehen wir mit dunkler Wachsmalkreide nach und schneiden das Blattbild aus.
3. Wir malen größere und kleinere Blätter und kleben sie zusammen auf Zeichenpapier. Wenn wir nun dicke Striche unter die Blätter malen, sehen sie aus wie Bäume.

Aufgepasst: Die Blätter müssen ganz trocken sein, sonst wird das Papier vom Pflanzensaft feucht!

Für dieses Bild schneiden wir die Papierblätter ohne gemalte Umrisse aus und kleben sie auf schwarzes Papier. Dann malen wir die Baumstämme, den Boden und die Sterne.

Zwerglein

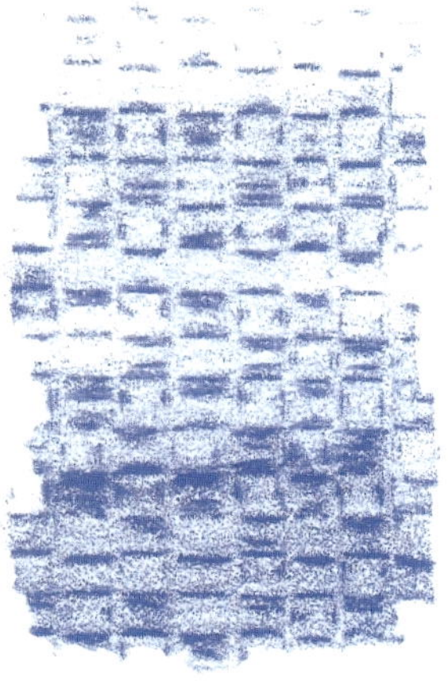

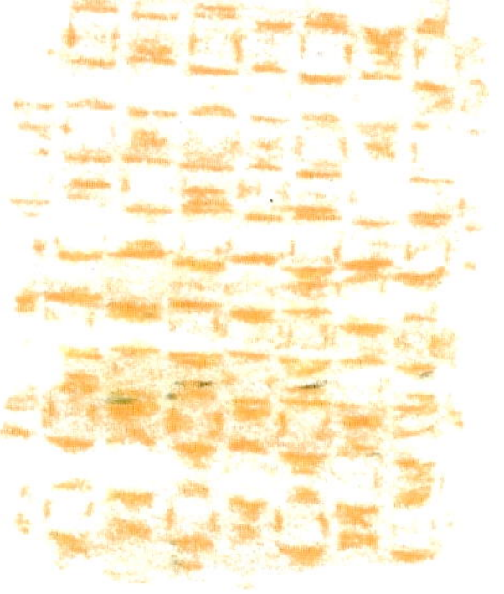

Wo kommt das schöne Muster her? Ganz einfach: Wir legen Schreibpapier auf einen groben Stoff oder auf eine Bastmatte. Beides klammern wir zusammen, damit nichts verrutscht. Nun rubbeln wir mit einem flachen Stückchen Wachsmalkreide kräftig darüber. Schon sehen wir das Muster.

Wenn wir einen Korb oder einen Sack haben wollen, malen wir die Umrisse mit schwarzer Kreide nach. Nun können wir das Bild ausschneiden, und die Ränder werden schön scharf und genau.

So einen Sack brauchen wir für das Zwerglein auf der rechten Seite. Auf diese Weise können wir auch Mauersteine malen und in ein Bild kleben.

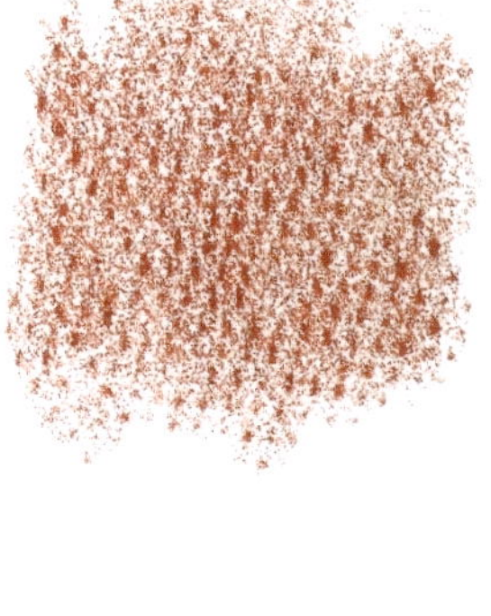

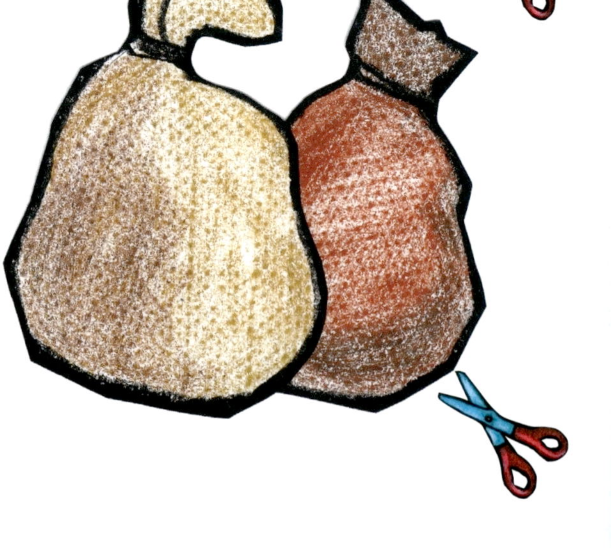

Dieses Bild hat zwei Teile: den Zwerg und seinen Sack. Zuerst malen wir den Zwerg und die Wiese. Auf die Wiese kleben wir den Sack und darauf noch den Flicken. Zuletzt malen wir den Flicken mit dem Pinsel und ein wenig Wasser aus. Wenn der Flicken trocken ist, malen wir schwarze Nähte auf.

Was wir brauchen

- Schreibpapier
- raues Zeichenpapier
- vermalbare Wachsmalkreiden
- Pinsel und Wasser
- grober Stoff oder Bastmatte
- Schere
- Büroklammern

Farbe drunter, alles bunter!

Wir malen auf Tonpapier. Auf gelbem Tonpapier sehen Wachsmalfarben und deshalb auch die Bilder anders aus als auf einem weißen, grünen oder schwarzen Papier. Das sehen wir an den Clowns und an den Farbfeldern auf diesen beiden Seiten.

Hier können wir vergleichen: Der senkrechte weiße Kreidestrich deckt die Papierfarbe nicht vollständig ab; Sie schimmert immer noch ein wenig durch. Deshalb sehen auch die quer darüber gemalten Farbfelder auf den unterschiedlichen Papierfarben immer etwas anders aus. Die Stiftfarben sind gleich, den Unterschied macht die Papierfarbe. Und über dem weißen Strich sehen die Farben dann noch einmal anders aus!

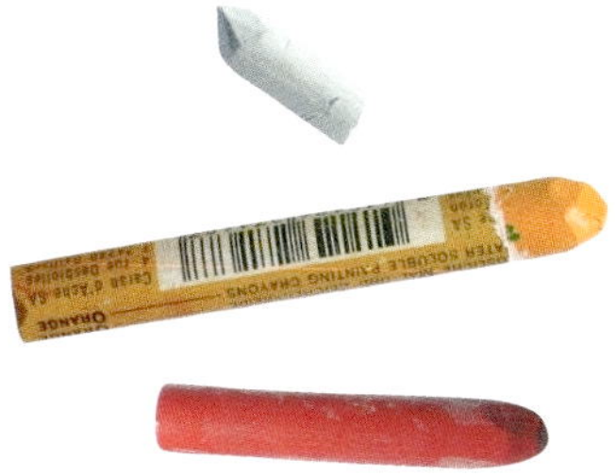

Es macht Spaß, auf schwarzem Papier zu malen. Denn je dunkler der Hintergrund ist, desto heller, kräftiger und leuchtender erscheinen die aufgemalten Farben. Bei einem hellem Untergrund ist der Kontrast schwächer, und die Farben treten nicht so stark hervor.

A: Der dicke weiße Kreidestrich hellt das schwarze Papier auf; hier werden auch die Farbfelder darüber heller.

B: So sieht es aus, wenn man mit weißer Wachsmalkreide auf Schwarz und dann mit einer anderen Farbe kräftig darüber malt. Dabei halten wir die Kreide flach und nehmen am besten ein Kreidestückchen.

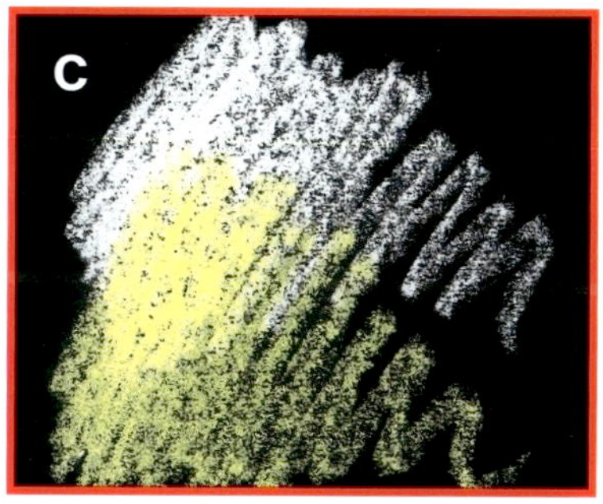

C: Für dünnere Striche halten wir die angespitzte Kreide steil.

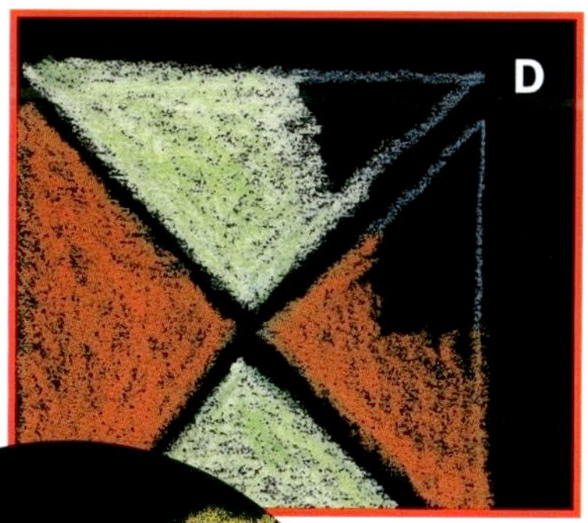

D: Solche Kreidestriche brauchen wir auch zum Vorzeichnen auf schwarzem Papier, auf dem Bleistiftstriche nicht zu sehen sind.

Die drei Clowns sind alle mit den gleichen Farben auf gelbes, grünes und schwarzes Papier gemalt. Und doch wirken die Farben auf jedem Bild anders!

Clown

Was wir brauchen
- weicher Bleistift
- vermalbare Wachsmalkreiden
- gelbes Tonpapier
- Pinsel und Wasser

1

1. Das gelbe Tonpapier passt wunderbar zu einem bunten Clown. Wir zeichnen den Clown vor und radieren falsche Linien sorgfältig aus. Die Bleistiftstriche sehen wir auch noch im fertigen Bild.

2

2. Mit Wachskreiden malen wir alle Farbflächen aus und achten darauf, nicht über die anderen Farben zu malen. Vielleicht müssen wir den Stift etwas anspitzen, um einen sauberen Rand malen zu können.

3

3. Hier ist das Gewand schon fast fertig. Das Gelb vom Papier schimmert durch. Wenn wir das nicht wollen, übermalen wir die farbigen Flächen mit Pinsel und Wasser. Nun werden die Farben glatt und noch kräftiger, weil die gelben Punkte und Striche verschwinden. Achtung: Den Pinsel immer gründlich auswaschen, bevor ein neues Farbfeld an die Reihe kommt!

Was braucht der Clown noch?
Ein lustiges Gesicht,
Knöpfe und Schuhe.
Hallihallo, und fertig!

Packpapier-Häuschen

Braunes Packpapier nimmt auf der rauen Seite die Wachsmalfarbe gut an. Links sehen wir, wie kräftig die Farben dabei werden. Die feinen Papierrillen bleiben auch nach dem Vermalen sichtbar, sodass unsere Häuschen richtig schöne Wände und Dächer bekommen.

1. Mit Bleistift zeichnen wir das Häuschen vor.
2. Dann malen wir es aus und zeichnen die Ränder mit schwarzer Kreide nach. Ausschneiden und auf weißes Papier kleben!
3. Zuletzt malen wir mit Pinsel und Wasser über die Flächen. So können wir mit verschiedenen Farben viele Häuschen bauen und aufkleben. Fertig ist unser kleines Dorf!

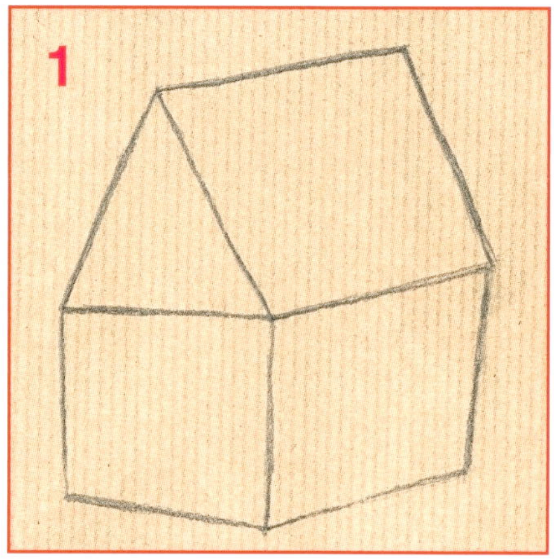

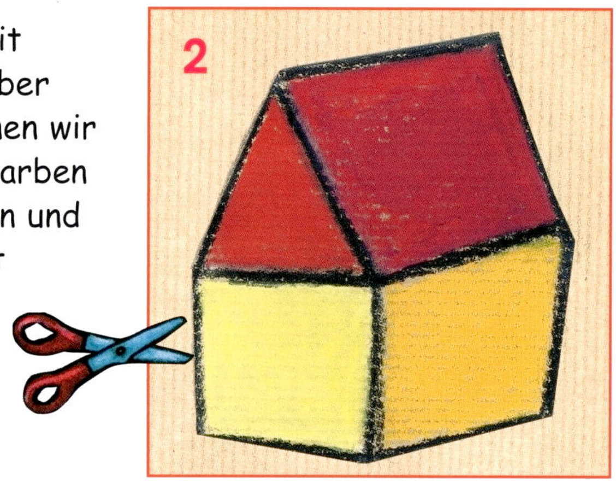

Was wir brauchen

- weicher Bleistift
- vermalbare Wachsmalkreiden
- Packpapier
- Pinsel und Wasser
- Schere

Der gute Mond

So ähnlich wie die Häuschen malen wir auch den Mond. Vielleicht kommen auf einem Bogen Packpapier noch viele Funkelsterne dazu?

1. Wir zeichnen mit Bleistift den Mond und den Kreis vor.
2. Den Mond und den Himmel malen wir mit Wachsmalkreide aus. Wo die Farbe nicht hinkommt, bleiben braune Striche und Flecken.
3. Mit dem Pinsel und Wasser verwischen wir die Farbe, die dabei in die Rillen fließt. Nun muss das Bild trocknen.
4. Dann malen wir mit Wachsmalkreide das rote Bäckchen und machen Farbtupfer für das Auge und den Mund. Auge und Mund zeichnen wir mit Bleistift nach.

Wir malen mit wasserfesten Wachsmalkreiden

Das Malen von Bildern mit wasserfesten Wachskreiden geht genauso wie das Malen mit vermalbaren Wachsmalkreiden. Auch hier nehmen wir am besten Aquarellpapier. Den Unterschied erkennen wir erst, wenn wir mit dem Pinsel und Wasser oder Wasserfarben weitermalen.

So sieht eine Palette mit wasserfesten Wachsmalkreiden aus. Die Farben bleiben, wie sie sind, auch wenn wir mit dem Pinsel und Wasser darübermalen. Das Wasser perlt von den bemalten Flächen ab wie von einem Lacküberzug. Auch Wasserfarben bleiben darauf nicht haften, wenn sie nur mit genug Wasser verdünnt sind.

Was passiert, wenn wir mit dem Pinsel und Wasserfarben über ein Wachsmalbild malen? Überall dort, wo das Papier nicht bedeckt ist, nimmt es die Farbe an - rundherum und auch in den Farbflächen selbst. Denn beim Malen mit den Wachsmalfarben bleiben auf rauem Papier immer winzige Grübchen frei. Und dorthin fließt die Wasserfarbe: Was vorher weiß war, bekommt Farbe.

Dann entstehen wie von Zauberhand tolle und geheimnisvolle Muster.

Hier sehen wir, wie es geht: Zuerst malen wir die Spirale mit einer hellen Wachskreide. Nun nehmen wir den Pinsel und malen mit roter Wasserfarbe einfach darüber. Wir haben jetzt eine schöne, gleichmäßige Farbfläche, und die gelbe Spirale bleibt so gelb wie vorher auf dem weißen Papier.

Wenn wir mit weißer Wachskreide auf weißem Papier malen, sehen wir zuerst gar nichts. Erst beim Darübermalen mit Wasserfarbe taucht die weiße Spirale auf – wie ein Geheimzeichen!

Wir können auch mit mehr als nur einer Wachsmalfarbe arbeiten: zum Beispiel mit weißer Wachskreide über die gelbe Spirale malen oder nebeneinander grüne und weiße Striche setzen.

Hübsch sieht es auch aus, wenn wir nicht mit einer, sondern mit zwei verschiedenen Wasserfarben malen, so wie bei dem eckigen Muster hier. Zuerst kommen die Kreidestriche dran. Nun malen wir mit dem Pinsel hellgrüne Wasserfarbe darüber und lassen alles trocknen. Zum Schluss malen wir die Linien mit dunkelgrüner Wasserfarbe nach.

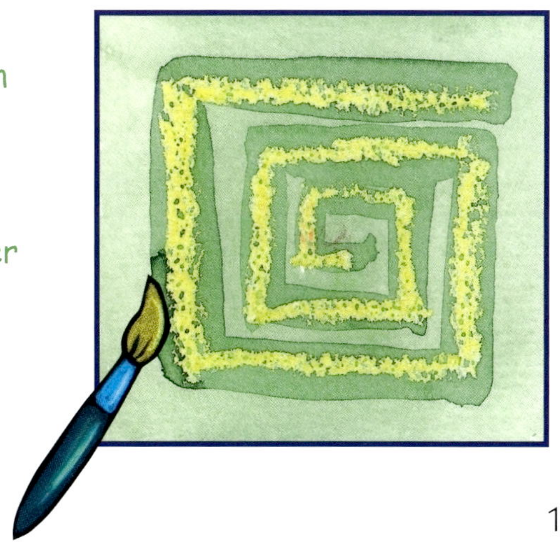

Henne und Hahn

Was wir brauchen

- ♦ weicher Bleistift
- ♦ schwarzer Filzstift
- ♦ raues Zeichenpapier oder Aquarellpapier
- ♦ wasserfeste Wachsmalkreiden
- ♦ Pinsel und Wasser
- ♦ Wasserfarben

1

2

1. Wir zeichnen das Huhn auf rauem Zeichenpapier oder Aquarellpapier vor. Das Papier muss rau sein, damit das Huhn später wie gesprenkelt aussieht.

2. Huhn und Stroh malen wir mit Wachsmalkreide aus. Wo wir nur leicht andrücken, bleiben mehr weiße Punkte stehen.

3. Mit dem Pinsel übermalen wir den Himmel und das Huhn mit dünner, blauer Wasserfarbe. Durch das Gefieder schimmern nun die Punkte blau durch, die zuvor noch weiß waren. Die Wiese malen wir mit grüner Wasserfarbe und malen dabei auch über das Stroh. Schon bekommt es grasgrüne Flecken!

Die Schmetterlingsflügel malen wir mit gelber, Körper und die Fühler mit schwarzer Wachsmalkreide. Dann übermalen wir das ganze Bild samt Schmetterling mit hellgrüner Wasserfarbe. Nun sehen die zarten Schmetterlingsflügel wie durchsichtig aus.

Der bunte Hahn braucht viele kräftige Wachsmalfarben. Wenn er fertig gemalt ist, können wir das ganze Bild mit himmelblauer Wasserfarbe übermalen. Nur das Auge bleibt weiß. Nun glänzt das Gefieder! Nach dem Trocknen malen wir noch ein Stück Wiese auf. Für das Auge nehmen wir einen schwarzen Filzstift.

Zitronenfalter

Was wir brauchen
- weicher Bleistift
- raues Zeichenpapier oder Aquarellpapier
- wasserfeste Wachsmalkreiden
- Pinsel und Wasser
- Wasserfarben
- schwarzer Filzstift

1

2

1. Wir zeichnen nur die Flügel vor und malen sie mit gelber Wachsmalkreide aus.
2. Die Ränder malen wir mit weißer Wachskreide nach und fahren dabei ein wenig über den Rand hinaus.
3. Für den Körper nehmen wir schwarze Wachsmalkreide. Auf die Flügel setzen wir Punkte mit orangefarbener Kreide.
4. Das alles übermalen wir mit dem Pinsel mit dünner himmelblauer Wasserfarbe. Unten und auf der rechten Seite malen wir Dunkelblau in die nasse Farbe: So erscheint ein dunkler Schatten. Darüber tupfen wir mit dem Pinsel rote Wasserfarbe. Nach dem Trocknen zeichnen wir die Fühler mit schwarzem Filzstift auf.

3

4

So leicht und luftig wirkt der Zitronenfalter – da scheint ja der Himmel durch! Genau das passiert beim Übermalen mit himmelblauen Wasserfarben.

Kalt im Winter,

Schau dir die Farben an! Im Winter ist das Grün fast blau und glitzert frostig kalt. Solche Farben nennt man auch kalte Farben. Der Sommer bringt warme Farben in den Wald. Das Laub ist gelb gesprenkelt – gelb und freundlich wie die Sonne.

Was wir brauchen

- Wachsmalkreide (wasserfest)
- Aquarellpapier (rau)
- Pinsel
- Wasserfarben

1. Nimm ein Stückchen weiße Wachsmalkreide und male damit über das ganze Zeichenblatt. Halte das Stückchen flach und drücke nicht zu fest auf! Zu sehen ist noch nicht viel, aber das Wachs bedeckt die winzigen Hügel auf dem rauen Papier.

2. Nun malst mit dem Pinsel den Boden und die Bäume. Die Farbe muss gut verdünnt sein! Für den kahlen Baum nimmst du Braun, für den Boden Blau und für die Tannen Blau und Grün. Das ergibt das frostige Grünblau.

3. Die weißen Sprenkel sind die mit weißem Wachs bedeckten Stellen auf dem Papier. Hier färbt die Wasserfarbe nicht ab.

warm im Sommer

Im Sommer werden Wald und Wiese freundlich gelb.

1. Male mit einem Stückchen gelber Wachsmalkreide das Zeichenblatt aus und lasse nur einen Streifen Himmel frei. Du siehst lauter gelbe Sprenkel.

2. Nun nimmst du wieder den Pinsel und die Wasserfarben. Male die Tanne und den Streifen unter den Bäumen dunkelbraun und die Stämme hellbraun aus. Für die Wiese und die Laubbäume nimmst du Grün und für den Himmel Blau.

Genau so kannst du auch die Schmetterlinge malen. Nimm wieder die gelbe Wachsmalkreide, damit das Bild freundlich wird. Den Rahmen und die Schmetterlinge malst du in deinen Lieblingsfarben.

Es regnet!

Was wir brauchen

- weicher Bleistift
- Aquarellpapier
- wasserfeste Wachsmalkreiden
- Pinsel und Wasser
- Wasserfarben

1. Wir zeichnen das Bild mit Bleistift vor. Dann malen wir mit weißer Wachsmalkreide kurze, kräftige Striche darauf. Das werden die Regentropfen. Auf dem weißen Papier sehen wir sie noch nicht.
2. Erst beim Darübermalen mit dünner, blauer Wasserfarbe tauchen die Regentropfen auf.

3. Den Himmel malen wir oben dunkler und in der Mitte heller. Dann malen wir Schirm und Kleidung aus.

Nun muss alles gut trocknen. Denn wenn wir zum Schluss rundherum den dunklen Boden und die blauen Pfützen darin malen, darf keine Farbe in die Stiefel und auf den Mantel fließen.

Wie kommen die weißen Striche für die Regentropfen so schön sauber auf das Bild? Sie waren zuerst da!

Kristalle

Ein schöner Schneekristall hat ein regelmäßiges Muster. Das können wir nicht gleich mit weißer Wachsmalkreide auf weißes Papier zeichnen: Wir sehen ja die Striche nicht. Wir brauchen also eine Vorzeichnung. Dafür gibt es zwei Möglichkeiten:

1. Wir können die Kristalle mit Bleistift ganz dünn vorzeichnen. Die Linien fahren wir mit weißer Wachsmalkreide kräftig nach. Die Bleistiftstriche verschwinden darunter. Nun malen wir mit verdünnter Wasserfarbe darüber – und schon erscheinen die Kristalle.

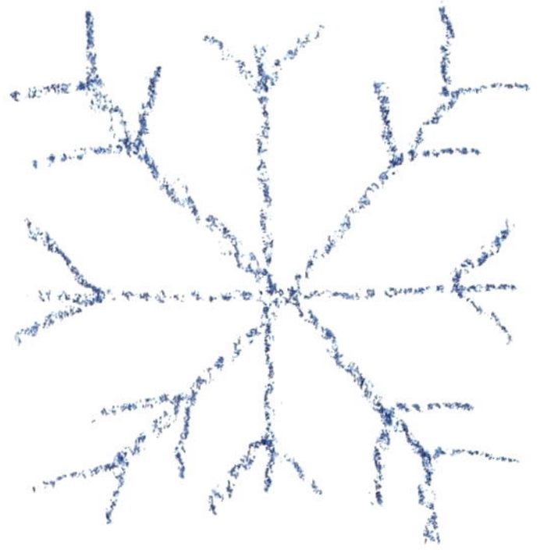

2. Wir können Schneekristalle auch mit blauer Wachsmalkreide vorzeichnen. Dann fahren wir diese Linien in Weiß nach. Mit Wasserfarbe übermalen – und der Kristall fängt an zu glitzern.

Eisbärchen

Was wir brauchen
- weicher Bleistift
- Zeichenpapier oder Aquarellpapier, nicht zu rau und nicht zu glatt
- wasserfeste Wachsmalkreiden
- Pinsel und Wasser
- Wasserfarben

Bei diesem Bild könnten wir den weißen Eisbären auch weiß wie das Papier lassen. Schöner sieht es aus, wenn wir ihn mit weißer Wachskreide malen.

1

1. Wir zeichnen das Bild mit Bleistift vor und malen den ganzen Eisbären mit weißer Wachsmalkreide kräftig aus. Bei der Eisscholle drücken wir nicht so fest auf. Die Punkte für die Schneeflocken verstreuen wir rund um den Eisbären. Auf dem weißen Papier ist die weiße Wachsmalfarbe noch unsichtbar.

2

3

2. Erst beim Übermalen des ganzen Bildes mit blauer Wasserfarbe tauchen die Schneeflocken auf.
3. Die Umrisse des Bären malen wir ein zweites Mal nach, nun in einem dunkleren Blau.

Pferdinand

Was wir brauchen
- weicher Bleistift
- Aquarellpapier
- wasserfeste Wachsmalkreiden
- Pinsel und Wasser
- Wasserfarben

Die Wiese braucht blühende Blumen, und das Fell des Pferdchens Pferdinand braucht Flecken. Dann wirkt das ganze Bild richtig fröhlich und lebendig. Mit wasserfesten Wachsmalkreiden und Wasserfarben geht das alles ganz einfach.

1

1. Wir zeichnen das Pferd mit Bleistift vor.

2

2. Den Pferdekörper bemalen wir mit orangefarbener Wachsmalkreide, die Mähne und den Schweif mit Weiß. Rundherum tupfen wir die orangefarbenen Blüten auf.

3

3. Nun kommen Pinsel und Wasserfarben an die Reihe. Wir übermalen das ganze Pferd dunkelbraun. So entstehen dunkle Flecken auf dem Fell, dem Schweif und auf der Mähne .

4. Nun muss das Bild trocknen. Erst dann fangen wir an, die Wiese rund um das Pferd zu malen.

5. Die dunkelgrünen Schatten malen wir sofort in die nasse Wiese. Wenn alles trocken ist, können wir mit Wasserfarbe noch ein paar rote Blüten in die Wiese tupfen.

4

5

Wir malen mit Wasserfarben

Farben, die den Untergrund mit einer undurchsichtigen Farbschicht abdecken, nennt man Deckfarben. Wasserfarben sind dann deckend, wenn nur ganz wenig Wasser dazukommt. Zum Malen holen wir die Farbe mit dem feuchten Pinsel direkt aus dem Farbtöpfchen und tragen sie dick auf.

Auf diese Weise können wir mit deckenden Farben auf allen Papiersorten malen: auf dünnem Schreibpapier oder dickem Aquarellpapier, auf farbigem Papier oder auf Pappe. Unter der Deckfarbe verschwinden auch die Bleistiftstriche der Vorzeichnung.

Die Farbfelder links sind auf gelbes Papier gemalt. Das Gelb scheint nicht durch, und die Farben bleiben klar.

Mit Deckfarbe können wir auch eine andere Farbfläche deckend übermalen. Die untere Farbschicht muss ganz trocken sein, und wir müssen die Farbe zügig auftragen. Wenn wir viel hin und her malen, kann sich die untere Farbschicht wieder auflösen, und dann verschmieren wir die beiden Farben.

Drachen

Was wir brauchen
- weicher Bleistift
- Zeichenpapier
- Wasserfarben
- Pinsel und Wasser

Beim Drachen sehen wir, dass wir mit Wasserfarben die Farbflächen genauso gut übereinander wie nebeneinander malen können. Wenn die Farbe dick genug ist, deckt sie die Farbe darunter ab.

1

2

3

1. Wir zeichnen den Drachen vor und malen die Form vom Rand nach innen hin in einer Farbe aus. Für einen sauberen Pinselstrich drehen wir das Bild. Die Bleistiftstriche können wir übermalen, oder wir radieren sie am Schluss weg.
2. Die untere Farbe muss gut getrocknet sein. Erst dann malen wir die nächste Farbe auf.
3. Was braucht der Drachen noch? Bänder, Schleifen und einen lustigen Haarschopf!

Bei Bildern mit vielen Farben malen wir zunächst alle Bildteile, die dieselbe Farbe haben. Das erspart uns viel Wartezeit. Außerdem müssen wir den Pinsel zwischendurch nicht so oft auswaschen.
Wenn uns die Farben nicht gefallen, können wir sie später wieder mit anderen Farben übermalen!

Oink!

Eine Schablone deckt alles zu, was weiß bleiben oder eine andere Farbe bekommen soll als der Rest des Bildes. Da können wir frisch darübermalen, ohne uns um einen genauen Rand zu kümmern. Außerdem lassen sich mit einer einzigen Schablone viele gleiche Figuren malen, so wie die fünf Schweinchen im Stall!

Was wir brauchen
- weicher Bleistift
- Zeichenpapier
- Wasserfarben
- Schere
- Karton
- dicker Pinsel und Wasser

Für die Schablone zeichnen wir die Figur auf Karton und schneiden sie aus. Wir brauchen sie zweimal: zuerst fürs Zeichnen der Umrisse, dann beim Darübermalen.

So sieht die Schablone vor dem Malen aus ...

... und so danach:

Wenn wir wollen, können wir die Schablone auch gleich auf das Bild legen, festhalten und drumherummalen. Auf diese Weise kommt erst der Hintergrund an die Reihe, und das Schweinchen bleibt weiß. Das müssen wir nun recht genau ausmalen.

So malen wir den Stall:

1. Wir legen die Schablone auf das Zeichenpapier und fahren die Umrisse mit dem Bleistift nach. Dann verschieben wir die Schablone und zeichnen die nächsten Schweinchen auf. Nun malen wir die Schweinchen über den Rand hinaus an und lassen das Bild trocknen.
2. Dann legen wir die Schablone genau auf die Vorzeichnung, halten sie fest und malen in anderen Farben rundherum und darüber. So machen wir das mit allen Schweinchen. Sie bleiben innen schön sauber und rosarot, und rund um sie herum ist alles voller Farben. Zuletzt malen wir mit dem dicken Borstenpinsel die groben Striche für den Zaun und stupsen Farbe auf. So entstehen all die Kleckse und Flecken, und es sieht wirklich aus wie in einem Schweinchenstall!

1

Aufpassen beim Malen
mit der Schablone:
Wir dürfen sie nicht
einfach über die
nasse Farbe schieben,
sondern müssen sie
jedes Mal aufnehmen
und wieder hinlegen.

2

Schmetterling

Für die Schmetterlinge auf diesen Seiten mischen wir Tapetenkleister mit Wasserfarbe. Die Farben wirken hell und fast schon durchsichtig. Trotzdem ist die Mischung dickflüssig. Damit können wir Figuren mit zwei genau gleichen Hälften malen und drucken.

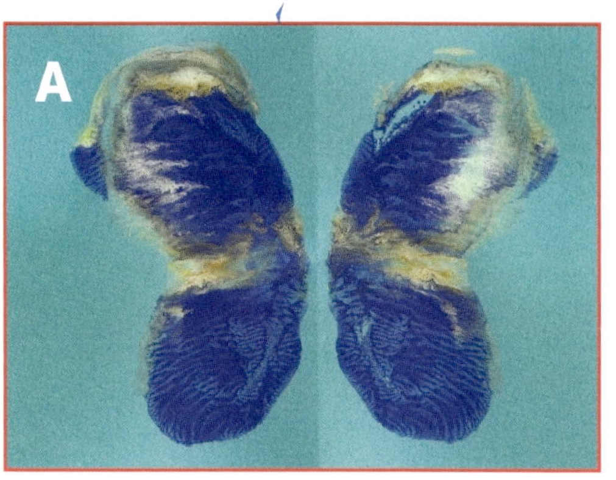

So sieht das bemalte und aufgefaltete Blatt aus.

1. Wir falten ein Blatt helles Tonpapier in der Mitte zusammen und wieder auseinander.

2. In einem Schälchen vermischen wir einen Teelöffel Tapetenkleister mit etwas kaltem Wasser, bis die Masse cremig ist. Davon nehmen wir einen Teelöffel, klecksen ihn auf einen Teller und mischen Wasserfarbe dazu. Sie muss dunkler sein als die Papierfarbe.

Körper und Fühler sind auf weißes Papier gemalt.

3. Auf eine Hälfte des Papiers setzen wir zwei dicke Kleckse übereinander. Neben die Kleckse tupfen wir mit dem Pinsel noch andere Farben. Nun klappen wir das Blatt wieder zu und streichen mit der Hand zweimal leicht vom Falz nach außen und klappen wieder auf (A).

4. Nach dem Trocknen schneiden wir die Flügel aus. Auf weißes Papier malen wir mit Filzstift den Körper und die Fühler (B). Flügel dazukleben (C), fertig!

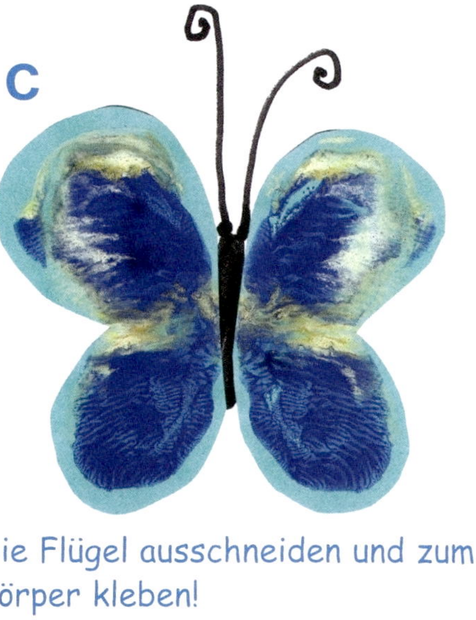

Die Flügel ausschneiden und zum Körper kleben!

Was wir brauchen

- ♦ 1 TL Tapetenkleister
- ♦ Zeichenpapier
- ♦ helles Tonpapier
- ♦ Wasserfarben
- ♦ Pinsel und Wasser
- ♦ schwarzer Filzstift
- ♦ Teller

Wir können die Flügel auch gleich auf das Zeichenpapier malen (A). In die Mitte zeichnen wir dann später den Körper und die Fühler (B).

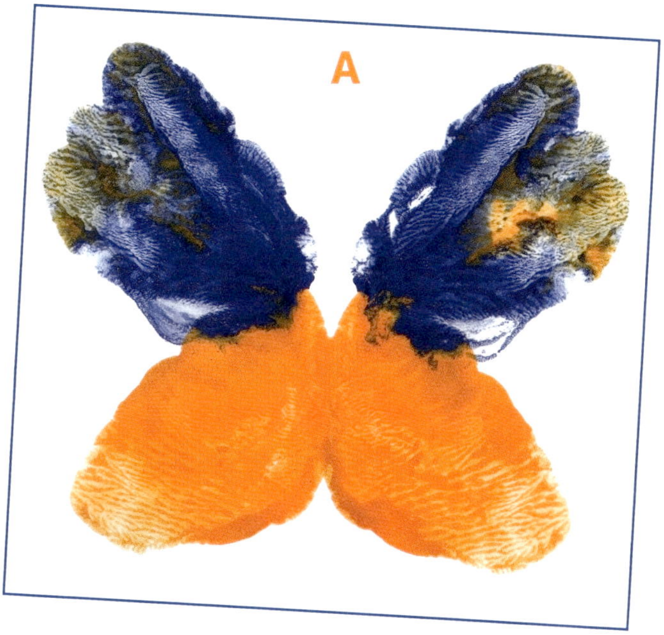

B

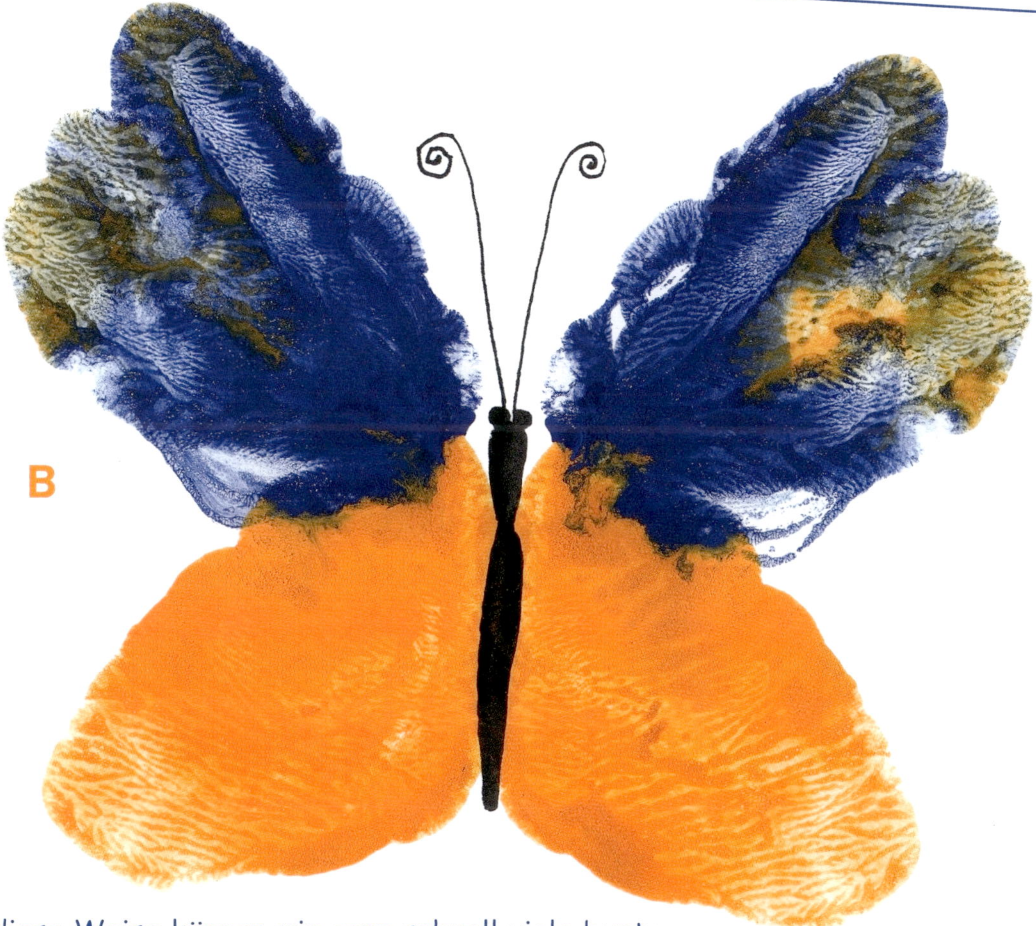

Auf diese Weise können wir ganz schnell viele bunte Schmetterlingsbilder malen, die alle verschieden aussehen. Was genau dabei herauskommt, sieht man erst nach dem Auffalten. Überraschung!

Hallo Löwe!

Was wir brauchen
- Zeichenpapier
- weicher Bleistift
- Wasserfarben
- Pinsel und Wasser

Zuerst kommt der Löwe dran, und dann rundherum die Wüste und der Himmel.

1. Wir zeichnen den Löwen vor. Bei Tieren ist das nicht so einfach wie bei Blumen oder Häusern. Vielleicht pausen wir den Löwen ab. Wie das geht, steht bei der Sternenfee auf Seite 22.

1

2. Zum Ausmalen des Körpers nehmen wir einen dicken Pinsel, für den Schwanz und die Mähne einen dünnen. Die Farbe muss hier nicht ganz dick sein, damit das Bleistiftgesicht noch durchscheint. Während des Malens drehen wir das Bild so, dass wir den Pinsel immer gut vom Rand zur Mitte führen können.

2

3. Geduld! Jetzt muss der Löwe erst ganz trocken werden. Dann malen wir mit dunkleren Farben die Schatten im Fell und das Gesicht nach. Und wieder muss das Bild trocknen.

3

Zum Schluss braucht der Löwe die ausgetrocknete Savanne und den blauen Himmel. Das malen wir sorgfältig um den Löwen herum. Die Farben nehmen wir ziemlich dick und mischen etwas Deckweiß dazu. Dann decken sie besser und wir können kleine Patzer gut übermalen.

Wasserfarben verdünnt

Was wir brauchen
- Aquarellpapier (rau)
- Pinsel und Wasser
- Wasserfarben

Wenn wir Wasserfarben mit Wasser verdünnnen, lassen sie den Untergrund durchscheinen. Damit können wir in nasse Farben hineinmalen oder trockene Farbflächen übermalen.
Wir können aber auch Farben auslaufen oder ineinander verschwimmen lassen, einen Farbton verändern oder klare, einheitliche Farbflächen malen. Die Farbfelder links zeigen, wie Farben von Dunkel nach Hell auslaufen. Ganz links ist die Farbe einfach dick aufgemalt. Wenn man mit dem ausgewaschenen Pinsel in die nasse Farbe geht, nimmt er die Farbe auf. Der Pinselstrich zieht Farbe mit hinaus auf das trockene Papier. Sie wird immer heller und der Pinsel immer trockener. Zum Schluss bleibt ein scharfer Rand stehen.

So verdünnen wir die Wasserfarben:
Wir nehmen die Wasserfarbe mit dem nassen Pinsel aus dem Farbtöpfchen und machen einen Klecks in den Deckel des Malkastens. Mit dem Pinsel geben wir nach und nach Wasser dazu. Zwischendurch probieren wir aus, ob die Farbe schon dünn genug ist. Wir drehen den Pinsel in der Pfütze. So nimmt er gleichmäßig Wasser auf. Dann malen wir ein kleines Farbfeld auf Papier und schauen, ob es hell genug ist.

Aufgepasst beim Malen mit dem Pinsel:
- Den Pinsel nur ins Wasser tauchen, nicht auf den Boden des Glases stupsen und nicht darin stehen lassen!
- Nicht zu viel Wasser aufnehmen; den Pinsel am Wasserglas oder auf Küchenkrepp abstreifen.
- Nie gegen den Strich – in Richtung Pinselspitze – malen!
- Große Flächen mit einem dicken Pinsel malen, feine Linien mit der Spitze eines dünnen Pinsels.

So malen wir mit verdünnten Wasserfarben:

1

1. Wir malen mit dem dicken Haarpinsel und viel Farbe auf trockenes Papier. Der Rand bleibt scharf.

2

2. Wir fangen wie im Bild 1 an. Mit dem ausgewaschenen Pinsel und viel Wasser malen wir in die Mitte und schieben dabei das Wasser mit dem Pinsel zum Rand. Das Ganze ein paar Mal; den Pinsel immer auswaschen. Nun trocknen wir den Pinsel ab und nehmen damit Farbe von der Mitte auf.

3

3. Wir fangen wie im Bild 1 an und lassen die Fläche etwas trocknen. Mit dem sauberen Pinsel und viel Wasser malen wir einen Rand. Das Wasser will weiter nach innen fließen, kommt aber nur bis zur trockenen Innenfläche. So entstehen die schönen Unregelmäßigkeiten.

4

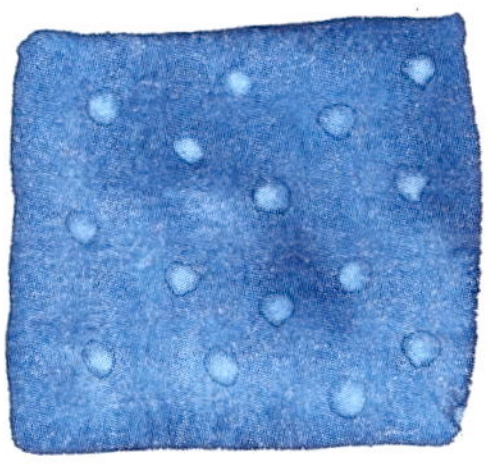

4. Wir fangen wie bei Bild 1 an und setzen Wassertropfen auf die trockene Farbe. Mit dem abgetrockneten Pinsel nehmen wir die Tropfen ab. Die Farbe geht weg und es bleiben helle Tupfen.

5

5. Wir ziehen mit Pinsel und Farbe eine Wellenlinie, waschen den Pinsel aus und ziehen mit Pinsel und Wasser die Farbe nach unten. Sie fließt weg.

6

6. Mit dem Pinsel befeuchten wir das Papier und malen dann mit Farbe in die Wasserfläche hinein.

7

7. Wir fangen wie im Bild 6 an, malen jedoch mit einer anderen Farbe hinein. Die beiden Farben fließen ineinander.

Fließende Farben

Mit Wasserfarben können wir auf trockenem oder auf nassem Papier malen – oder auch in eine nasse Farbfläche hinein. Dann fließen die Farben ineinander. Zwischen ihnen gibt es keine scharfen Grenzen, sondern sanfte Übergänge. Ein Farbton geht in den anderen über. Diese Malweise nennt man Nass-in-Nass-Technik.

In eine nasse Fläche können wir mit einer anderen Farbe oder nur mit Wasser malen. Beim Vogel oben hellt Wasser die Farbe auf, und in die feuchte grünliche Farbfläche rechts kommt ein nasser blauer Pinselstrich.

Das Geheimnis dieser Malweise: Trockenes Papier saugt die Farbe auf. Nasses Papier hingegen ist schon so voll Flüssigkeit, dass es nicht mehr so viel Farbe aufnehmen kann. Also breitet sich die hinzukommende Farbe aus und verdrängt die nasse Farbe des Untergrundes. Dabei weiß man vorher nie genau, wie die Farben fließen werden und welche Muster dabei entstehen.

Je mehr Farbe ins Nasse hinzukommt, desto breiter macht sie sich. Solange es für die Farbe einen Ausweg in eine nasse Farbfläche gibt, fließt sie nicht auf die trockenen Stellen des Papiers.

Am besten geht das, wenn eine dunklere Farbe zu einer helleren kommt. Allzu nass darf der Untergrund jedoch auch nicht sein. Sonst fließen beide Farben durcheinander, und es entsteht eine Farbmischung, die wir vielleicht nicht haben wollen.

Schlingel-Schlange

Was wir brauchen

- weicher Bleistift
- Aquarellpapier
- Wasserfarben
- Pinsel und Wasser

1. Wir zeichnen die Schlange mit Bleistift vor und malen sie mit Pinsel und klarem Wasser bis zum Rand hin aus. Rundherum bleibt das Papier trocken.

2. Nun malen wir die ganze nasse Schlange mit gelber Farbe an. Sofort nehmen wir grüne Farbe und malen dort, wo die Schlange grün sein soll, innen am Rand entlang. Das Grün fließt ein Stück weit nach innen und schiebt das Gelb zur Schlangenmitte.

3. In die immer noch nasse Farbe tupfen wir Gelb, Grün für Auge und Nasenloch und Rosarot für den Mund.

Vögel im Himmel

Wie kommt die bunte Vogelschar in einen blauen Himmel, ohne dass sich die Farben der Vögel und des Himmels vermischen? Am einfachsten geht das so: Mit verdünnter Wasserfarbe über das ganze Blatt malen, die Farbe trocknen lassen und dann die himmelblauen Vögel bunt ausmalen.

1. Wir zeichnen alles mit Bleistift vor und malen das ganze Blatt in Hellblau mit viel Wasser an. Am vorgezeichneten Vogel sehen wir, dass die Bleistiftstriche bleiben.

2. Das Bild muss gut trocknen und darf sich nicht mehr feucht anfühlen, wenn man mit der Hand darüberstreicht. Erst dann können wir die Vögel nacheinander ausmalen, ohne dass Farbe von den Vögeln in den Himmel fließt. Wo die Vögel übereinander fliegen, lassen wir eine feine Linie frei.

Die Vögel lassen wir nicht trocknen, sondern wir malen gleich mit dunkleren Farben in die nasse Farbe. Dazu nehmen wir mit dem Pinsel viel Farbe auf und setzen sie an die Ränder von Flügeln und Schwanz.

Was wir brauchen

- weicher Bleistift
- Aquarellpapier (glatt)
- Wasserfarben
- Pinsel und Wasser

Wir können auch zuerst den Himmel rund um die Vorzeichnung ausmalen. Das Blau wird dann nicht so einheitlich, weil wir oft absetzen müssen und nicht in einem Schwung malen können. Dafür können wir die Vögel aber auf weißes Papier malen. Die Farben leuchten so stärker als beim Malen auf einem farbigen Untergrund.

Nach dem Ausmalen des Himmels erscheinen die Vögel als weiße Flächen. Das Bild muss gut trocknen. Nun befeuchten wir die Vögel mit Pinsel und Wasser und malen gleich mit einer Farbe hinein. In die nasse Farbe malen wir mit einer anderen Farbe den Kopf, die Flügelspitzen und den Schwanz.

Dampfer

Was wir brauchen

- weicher Bleistift
- Aquarellpapier
- Wasserfarben
- Pinsel und Wasser
- Schere
- Tonpapier

Unten wogen die Wellen, und aus dem Schornstein des Dampfers steigt eine finstere Rauchwolke. Im Meer und im Himmel sollen die Farben verschwimmen. Also malen wir alles ziemlich nass!

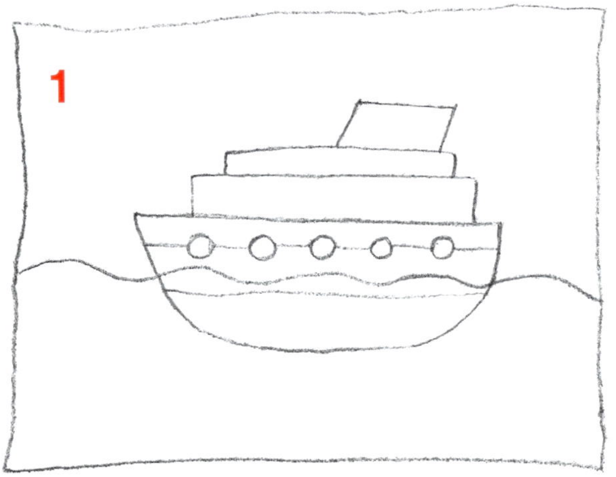

1. Bei diesem Dampfschiff zeichnen wir alles genau vor. Die Bleistiftlinien bleiben auch später noch sichtbar.

2. Wir befeuchten den Himmel bis hinunter zu den Wellen mit Pinsel und klarem Wasser. Den Dampfer sparen wir aus; Er bleibt trocken. Die nasse weiße Himmelsfläche malen wir hellblau aus und malen gleich eine schwarze Rauchwolke an den Schlot des Schiffes.

3. Nun muss das Bild trocknen, damit der Himmel nicht ins Meer fließt. Wir befeuchten alles unterhalb der Wellenlinie mit Wasser und malen Blau und Grün hinein. Den Streifen und die Luken im Schiff malen wir auf das trockene Papier.

Himmel und Meer

1

Hier malen wir das wilde Meer und den weiten Himmel in einem Schwung und kleben das Schiffchen einfach darauf.

1. Das Papier muss nass sein. Oben am Bildrand machen wir einen dünnen blauen Pinselstrich, unten grüne und blaue. Schon fließen die Farben zueinander und ineinander. In der Mitte, zwischen Himmel und Meer, bleibt das Bild hell.

2

2. Das Schiffchen schneiden wir aus Tonpapier aus. Wenn das Bild trocken ist, kleben wir das Schiffchen auf.

Blumen

Was wir brauchen

- Wasserfarben
- Pinsel und Wasser
- Aquarellpapier

A

1. Wir malen eine violette Scheibe.
2. In die noch feuchte Mitte setzen wir sofort einen Wassertropfen und malen rundherum einen roten Kreis. Das Wasser treibt die Farbe nach außen, sodass sich Violett und Rot am Rand ein wenig vermischen. Nun muss das Bild trocknen.
3. Jetzt erst malen wir den gelben Kreis. Wenn ein Stängel drankommt, wird daraus eine Blüte.

B

1. Anders sieht es aus, wenn wir die violette Scheibe trocknen lassen.
2. Erst dann die gelben Blütenblätter aufmalen. Nun gibt es scharfe Ränder. Wir lassen auch die Blütenblätter trocknen und tupfen mit Orange hinein.

C

1. Hier malen wir eine gelbe Scheibe mit wenig Wasser. Sie soll feucht, aber nicht nass sein.
2. Sofort malen wir außen den hellblauen Ring, und zwar mit etwas mehr Wasser. So gibt es keine scharfe Grenze zwischen den beiden Farben, aber sie fließen auch nicht richtig ineinander. Wieder muss das Bild trocknen.
3. Wenn wir nun die Blütenblätter aufmalen, sehen wir, dass sie sich klar vom Ring abheben.

Bei diesen Bildern lassen wir die Farben schön ineinanderfließen und malen an anderen Stellen scharfe Ränder. Der Trick dabei: Das Bild muss zwischendurch manchmal trocknen. Auf der linken Seite steht, wie das geht.

Wir malen mit Filzstiften

Mit Filzstiften lässt sich toll zeichnen und malen. Wichtig dabei ist die Papiersorte. Auf Schreibpapier bleiben die einzelnen Striche in der ausgemalten Farbfläche sichtbar, weil das dünne Papier die Farbe sofort aufnimmt.

Wenn wir schöne glatte Farbflächen wollen, nehmen wir Aquarellpapier. Darauf lassen sich die Flächen viel gleichmäßiger ausmalen. Das sehen wir links in den Farbfeldern.

Die Farben lassen sich sogar mit Pinsel und Wasser vermalen. Wenn wir mit dem nassen Pinsel über ein Farbfeld malen, nehmen wir etwas Farbe auf und können damit ein Stück weit weitermalen. Dabei verwischen sich die Filzstiftstriche. Auch das sehen wir an den Farbfeldern links. Das geht auch dann noch, wenn die Farbe schon getrocknet ist – aber nur dann, wenn wir normale, wasserlösliche Filzstifte verwenden.

Rechts sehen wir, wie sich zwei Filzstift-Farben mit Pinsel und Wasser vermischen lassen und wie an diesen Stellen andere Farben entstehen.

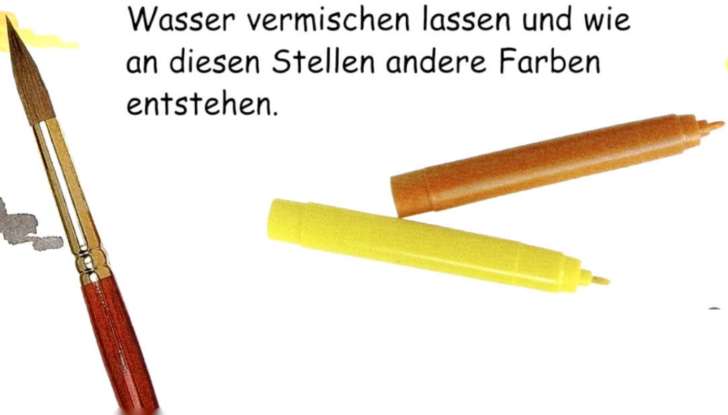

So sieht es aus, wenn wir mit Filzstift auf Schreibpapier zeichnen und malen. An den Linien und Farbflächen beim Auto und beim Häuschen kann nichts mehr geändert werden, außer wenn wir noch einmal mit einem dunklen Filzstift über eine helle Farbfläche malen.

Für solche Bilder reicht ein einfaches Schreibpapier.

Aquarellpapier brauchen wir, wenn wir ein mit Filzstiften angefangenes Bild mit Pinsel und Wasser weitermalen möchten. Dazu nehmen wir mit dem Pinsel klares Wasser auf und malen von den Linien aus nach innen. Dabei nimmt der Pinsel etwas Farbe von den Strichen mit. So entstehen schöne zarte Farbverläufe.

Für den Rauch aus dem Schornstein nehmen wir etwas mehr Wasser.

Ganz wichtig: Vor jedem Farbwechsel den Pinsel auswaschen!

Frühling, Sommer,

Ein Baum für alle Jahreszeiten – und alle Bilder erst mit Filzstift und dann mit Wasser gemalt! Im Frühling und Winter kommen wir mit wenigen Farben aus; umso farbenfroher zeigen sich der Sommer und der Herbst.

Was wir brauchen
- Filzstifte
- Aquarellpapier
- Pinsel und Wasser

Die Frühlingswiese haben wir auf der linken Seite nur gestrichelt, auf der rechten Seite schon mit Pinsel und Wasser übermalt. Die Äste und Zweige sind deutlich zu sehen. Darauf tupfen wir die jungen Blätter. Den Himmel malen wir in einem blassen, wässrigen Blau.

Im Sommer verschwinden die Äste in der Laubkrone. Beim Ausmalen nehmen wir für die helleren Stellen mehr Wasser und schieben es mit dem Pinsel hin zu den schattigen Stellen. Beim Himmel malen wir mit dem Filzstift einen kräftigen Rand und ziehen dann die Farbe mit dem Pinsel nach innen in die befeuchtete Himmelsfläche hinein.

Herbst und Winter

Es ist Herbst geworden. Das Laub hat sich bunt verfärbt und ist schütter geworden. Der Himmel ist dunkel und verwaschen, und auch in der Baumkrone und auf der Wiese fließen die Farben ineinander. Die schweren Regentropfen malen wir zuletzt mit Filzstift auf das trockene Bild.

Im Winter sind die bunten Farben verschwunden. Für den Schnee auf dem Baum sparen wir weiße Stellen aus. Himmel und Erde malen wir mit Filzstift in kühlen, hellen Blautönen; dunkel ist nur der Schatten. Das alles vermalen wir mit viel Wasser.

Teddybär

Mit Filzstiften, Pinsel und Wasser können wir schöne Flächen in kräftigen Farben malen. Auch kleine Farbfelder können wir viel genauer malen als mit Wasserfarben.

1 2

3

1. Wir zeichnen den Teddy schon in der richtigen Farbe vor: oben in Braun.
2. Die Hose malen wir rot, das Gesicht dunkelbraun und die Füße wieder braun.
3. Das alles malen wir mit Filzstiften aus und zeichnen auch die Streifen auf der Hose ein.
4. Zum Schluss kommt der Pinsel dran. Wir tauchen ihn in klares Wasser und vermalen die Farben von den Rändern zur Mitte hin.

Krokodil

Was wir brauchen

- Filzstifte
- Aquarellpapier
- Pinsel und Wasser

1

2

3

4

1. Das Krokodil zeichnen wir nur in einer Farbe vor.
2. Beim Ausmalen mit dem Filzstift lassen wir das Auge und die Zähne weiß.
3. Mit dem Pinsel und mit klarem Wasser malen wir über das Krokodil. Wir fangen in der Mitte an und malen zum Rand hin. Deshalb bleibt die Mitte heller.
4. Solange das Krokodil noch nass ist, malen wir mit dem blauen Filzstift die Zacken, das Auge, das Maul und die dunklen Schatten hinein.

Papagei

Was wir brauchen
- ♦ Filzstifte
- ♦ weicher Bleistift
- ♦ Pinsel und Wasser
- ♦ Aquarellpapier

Sieht der bunte Papagei nicht wie gemalt aus? Das ist er auch: zuerst mit dem Filzstift und dann mit dem Pinsel und Wasser. Beim Übermalen verschwinden die Filzstift-Striche, die Farben gehen ineinander über und leuchten kraftvoll.

1

1. Den Papagei zeichnen wir ganz leicht vor – nur so viel, dass wir gerade noch erkennen, wo die Farbflächen hingehören. Die Bleistiftstriche bleiben später sichtbar.

2

3

2. Beim Ausmalen setzen wir die Farbflächen so genau wie möglich nebeneinander.

3. So sieht der ausgemalte Papagei aus. Gefällt er uns schon – oder malen wir lieber noch mit Pinsel und Wasser weiter?

So wird aus dem Filzstift-Bild eine richtige Malerei. Mit den Pinselstrichen ziehen wir Farbe weg oder schieben sie zusammen. Nun entstehen helle Stellen oder dunkle Schatten.

4

Gelb, Rot, Blau: Das sind die drei wichtigen Farben für unseren Papagei. Alle anderen Farbtöne entstehen beim Darübermalen mit Pinsel und Wasser. Dabei geht eine Farbe in die andere über.

Wir malen und kratzen

Zum Kratzmalen brauchen wir zwei Schichten Farbe: erstens den auf Papier gemalten Untergrund und zweitens den Anstrich darüber, der den Untergrund abdeckt. Wo wir vom Anstrich etwas abkratzen, leuchten die Farben darunter durch. Mit diesen Kratzstrichen können wir tolle Bilder malen.

1. Für die untere Farbschicht nehmen wir Wachsmalkreide in hellen Farben. Dann hebt sie sich später deutlich vom dunklen Anstrich ab. Das Zeichenpapier soll dick und glatt sein, damit wir darauf kräftig malen können und eine dichte und glatte Farbschicht erhalten.

2. Die obere, dunkle Farbschicht malen wir ent-weder mit Wasserfarben oder wieder mit Wachsmalkreide. Bei Wasserfarben brauchen wir wasserfeste Wachsmalkreiden und einen dicken Wasserfarben-Anstrich, der die Farben ganz und gar abdeckt.

3. Auf dem dunklen Anstrich können wir nicht vorzeichnen, sonst geht gleich Farbe ab. Am besten zeichnen wir auf einem anderen Blatt Papier ungefähr auf, wie das Bild aussehen soll.

Wenn wir beim Kratzen Fehler machen, können wir diese Stelle oder das ganze Bild noch einmal anstreichen, alles wieder trocknen lassen und neu anfangen.

Aufpassen: Beim Kratzen geht Farbstaub ab. Deshalb decken wir den Zeichentisch rund um das Zeichenblatt mit Zeitungspapier ab.

1

Der Untergrund ist hell und bunt.

2

Darüber kommt die dunkle Farbschicht.

3

Die Farbe muss gut trocknen.

Das Auskratzen geht am besten mit einer Kugelschreiberkappe.

Schuhu!

Was wir brauchen

- glattes, dickes Zeichenpapier
- wasserfeste Wachsmalkreiden
- Pinsel und Wasser
- Wasserfarben
- Kugelschreiberkappe

Das Eulenbild hat einen Anstrich mit dicken, schwarzen Wasserfarben. Beim Kratzen erscheinen die bunten Striche in den Farben des Untergrundes. In der schwarzen Umgebung leuchten sie besonders hell!

Gespenster

Was wir brauchen

- dickes, glattes Zeichenpapier
- wasserfeste Wachsmalkreiden
- Pinsel und Wasser
- Wasserfarben
- Kugelschreiberkappe

1. Den Untergrund für die beiden Gespenster malen wir zweimal: zuerst mit Wachsmalfarben in verschiedenen hellen Farben. Da können ruhig weiße Stellen bleiben. Denn beim zweiten Mal malen wir ganz kräftig mit weißer Wachsmalkreide darüber. Je dicker, desto besser!

2. Nun malen wir mit dem Pinsel ganz dick mit schwarzer Deckfarbe darüber.
3. Beim weißen Gespenst kratzen wir die schwarze Deckfarbe von der ganzen Gestalt ab. Dazwischen lassen wir immer wieder schwarze Striche stehen. Nur Augen und Mund bleiben ganz schwarz. Beim schwarzen Gespenst machen wir es umgekehrt und kratzen nur die Umrisse und das Gesicht aus.

Es ist Nacht geworden. Oben am Himmel leuchten Mond und Sterne, und unten scheint Licht aus den Fenstern.

Gute Nacht!

Die Häuser, der Wald und der Nachthimmel können nicht so bunt sein wie Fische im Meer. Deshalb überlegen wir uns vorher, in welchen Farben wir die untere Farbschicht anlegen und wie wir sie aufteilen: Oben, wo Mond und Sterne leuchten sollen, nehmen wir mehr helles Gelb. Die Häuser können im Lichtschein rötlich erscheinen, und Wald und Wiese sind grün.

Unter Wasser

1

Bunt leuchten die Fische im tiefen blauen Meer, und hell glänzen Gold und Perlen in der Schatztruhe. Die beiden Bilder malen wir nur mit Wachsmalkreiden.

2

3

1. Für den Untergrund malen wir auf dickes glattes Zeichenpapier die Farbfelder in kräftigen Farben nebeneinander auf. Darüber malen wir eine dunkelblaue Schicht - immer in eine Richtung.
2. Anders als beim Übermalen mit dicker Wasserfarbe scheint der Untergrund immer noch durch. Dabei entstehen an manchen Stellen Mischfarben. Beim Übermalen sehen wir gleich, wie fest wir aufdrücken müssen: ziemlich fest, aber auch nicht allzu fest, denn sonst werden die Farben durch das Reiben warm und schmelzen. Dann verschmieren sie leicht.
3. Nun kratzen wir mit der Kugelschreiberkappe die Striche und schaben die Flächen aus.

Was wir brauchen

- Wachsmalkreiden (wasserfest oder vermalbar)
- Aquarellpapier (rau oder glatt)
- Kugelschreiberkappe

Auf den Wachsmalfarben können wir nichts vorzeichnen. Bevor wir mit dem Kratzen anfangen, überlegen wir uns, wohin die Fische und all die anderen Dinge ungefähr kommen und welche Form sie haben sollen. Das alles zeichnen wir auf einem anderen Blatt Papier auf.

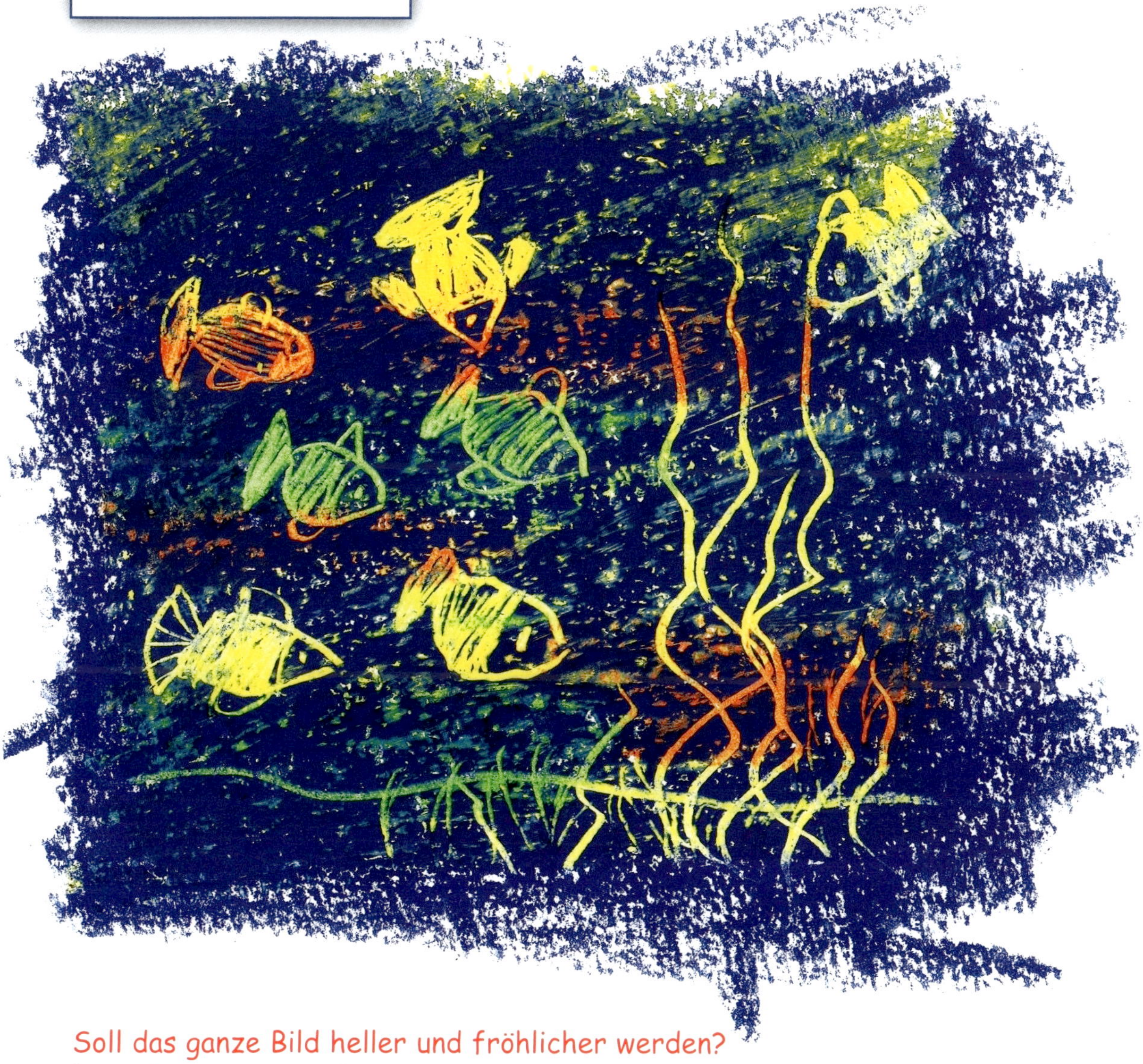

Soll das ganze Bild heller und fröhlicher werden? Dann können wir auch ein raues Zeichenpapier nehmen. Auf dem Bild oben sehen wir, dass die obere, blaue Farbschicht den bunten Untergrund nicht überall ganz abdeckt. Auch dort, wo wir gar nicht kratzen, bleiben farbige Sprenkel stehen. An manchen Stellen schimmert sogar noch das weiße Papier durch.

Impressum

Kinder lernen zeichnen und malen
Konzeption: Alex Bernfels und Norbert Landa
Text: Norbert Landa
Illustrationen: Rosanna Pradella (Seite 4-83);
Alex Bernfels (Seite 84-156)

Lektorat: Dipl. Päd. Agnes Ribbat und Manfred Schmeing (Seite 4-83);
Mareike Ahlborn (Seite 84-156)
Redaktion Erika Schuler-Konietzny

Cover: GrafikwerkFreiburg
Gestaltung: Yulia Vershinskaya
Herstellung: Klaus Peduzzi
Printed in Slowenia by Florjancic Tisk

In diesem Buch wird aus Gründen der besseren Lesbarkeit das generische Maskulinum verwendet. Weibliche und anderweitige Geschlechteridentitäten werden dabei ausdrücklich mitgemeint, soweit es für die Aussage erforderlich ist.

ISBN 978-3-8388-3302-6
17. Auflage

in der Christian Verlag GmbH,
Infanteriestraße 11a, 80797 München